本当に頭のいい人がやっている思考習慣100

齋藤 孝

宝島社新書

はじめに――

「頭がいい人」はどのように思考するのか

2023年は、生成AI元年と言える年でした。対話力と創造力を備えたChatGPTを活用する際に、本当の頭のよさが問われる気がしました。

どんな質問をするか。回答をどう発展させ、現実の改善にどうつなげていくか。

頭の「強さ」とメンタルタフネスが、超AI時代には、より重要になってきます。

人から話を聞いて答えたり、本を読んでその内容を人に話したりする行為は、私たちが日常行っている基本的なコミュニケーションです。しかし、誰もが同じようにしているように見えるその行為も、その中身は人によってまったく異なります。

正しく聞いて、正しく返す。あるいは正しく読んで、正しく伝える。シンプルにいえば、頭がいい人はこのインプットとアウトプットが正しくできている人です。

本書は、この「頭がいい人」とは具体的にどんな人であり、日頃何をどのように捉え、実践しているのか。それを考えていくための一冊です。

頭がいい人は、言いたいことを短い時間で要約し、わかりやすい言葉で無駄なく伝えることができ、また聞いている側は無駄な時間を使わず、情報を楽にインプットできます。

相手の時間を奪わない、相手に迷惑をかけない人は「頭がいい」ということです。

頭がいい人は会話が上手ですが、それは「おしゃべり」が上手という意味ではありません。ペラペラと口が回る人を「頭がいい」と見る人もいますが、**頭がいい人は情報を整理する力や要約する力、構成する力、説明する力などが備わっている人**です。

会話とは、イメージでいえば川の流れのようなものです。聞いている相手が、川にジャブジャブとつかって泳いできてくれれば、こちらの意図を伝えることはできます。しかし、流れが急で、泳いで渡るのが難しいと相手が感じたなら、踏み台となる石を置いてあげることで、その人は容易に川を渡ることができるはずです。

会話における「踏み石」とは、カギとなるワードです。相手が川で溺れたり、流されたりしないように、**キーワードとなる石を3つほど置いてあげて、その順に沿って説明する**ことで、相手も踏み石をピョンピョンと渡るように理解できるわけです。会話ひとつをとってみても、頭がいい人はこうしたスキルを普段から何げなく使っているものです。

　こうした力を備えた人と組んで仕事をすると、そうでない人との仕事と比べ、成果は格段に期待できますし、何より仕事の最中も余計なストレスを感じなくてすみます。必然的に、職場での信頼も高まり、「あの人は頭がいいね」という評価につながるわけです。**頭がいいということは、周りの人を幸せにするということなのです。**

　頭がいい人は誰かの話を聞いたり、本を読んでいるときも、アウトプットすることを前提に聞いたり読んだりしているため、記憶の定着度や理解度が高いのも特徴です。

　新聞を読むとき、誰かに説明することをイメージしながら読んでみると、漠然と読むときよりしっかりと頭に入るものですが、要はそれと同じことです。

　こういう思考を普段から習慣づけている人は、ビジネスシーンでもその力を遺憾なく発揮できるでしょう。会議の席でもパニックにならず、テーマ全体を俯瞰《ふかん》して捉え、キーワードを拾い出し、限られた時間で説明することができます。

ほかにも、頭がいい人というのは、**物事の何が重要か、あるいは重要でないかを、自分の視点で理解できている人です**。そして、この「自分の視点」を獲得しているということが、すなわち知性や教養を身につけているということにもなるのです。

雑学に強いといわれる人は、たしかに豊富な情報を記憶していますが、頭の中でバラバラに覚えていて断片化している状態では、知識として仕事に活かすことはできません。雑学と教養とは意味がまったく異なるのです。

得た知識を頭の中で整理し、再構築し、体系化できる人。頭がいい人は、この情報の整理力があるから正しいアウトプットができるわけです。

教養とは、知識を身につけることで養われる心の豊かさだと言う人がいます。私も、頭がいい人とはそういう人のことではないかと思っています。

2023年12月

齋藤　孝

目次

第2章 会話を知的にするための思考習慣

第3章 頭をよくする本を読むときの思考習慣

第5章 天才たちの真似したい思考習慣

※本書は2021年5月に小社より刊行した単行本『本当に頭がいい人の思考習慣100』をタイトルを変えて新書化したものです。

【編集】
金丸信丈（ループスプロダクション）
【本文デザイン・DTP】
竹崎真弓（ループスプロダクション）
【イラスト】
キタ大介

序章

頭がいい人はどのように考えるのか

そもそも「頭がいい人」とはどのような人なのか

☑ 知識のキャッチボールができるか否か

頭がいい人というのは、情報を効率よく取り入れて、正しく伝えることができる人。

つまり、インプットとアウトプットが上手な人です。

相手から得た情報を整理し、それを要約しながら相手に返す。いわば「情報のキャッチボール」です。来た球を捕れますし、それをまた相手の胸元へコントロールよく投げられる。それを繰り返すことができるので、相手も気持ちよくキャッチボールが続けられます。

これは、現代社会では大変重要な力です。個性と理解力のどちらが仕事仲間として必要かと聞かれたら、たいていは「まずは、こちらが話したことを理解できる人」という答えが、多くのビジネスシーンにおける本音ではないかと思います。

最近は大学入試の形態が変わってきました。同じ問題を一斉に解く一般入試以外に、自己推薦やＡＯ入試という方法で選抜されるようになりました。いわゆる入試の多様化です。

そこで感じるのは、受験日に向けて何年もコツコツと準備してきた学生というのは、やはりすばらしいということです。個性やクリエイティブというより前に、**合格するためにやらなければならないことを理解し、受け止め、それを長期にわたり持続することができる人は、当然ながら粘りもあります。**

サッカーであれば、まずはボールを蹴るという基本技術がしっかりしていなければ困ります。それには、受験勉強のようにコツコツと繰り返して練習をする必要があります。そのうえでクリエイティブ性が加わると、その選手は非常に強いということになります。

☑ 表現力がある人はスポーツの世界でも成長できる

近年、教育の現場では「表現力」というものが問われるようになりました。これは思考判断といわれるものです。新しい価値を見出す知性であり、頭がいいといわれる人が共通してもっている力です。

これを日常的に活用できているのが、たとえば数学者であり、科学者であり、将棋の棋士などもそうです。もちろん、スポーツ選手だってそうでしょう。

今までの方法を学習して知っていて、そのうえに新しい価値を加える。つまりは、付加価値を見つける力です。「付加」とはすなわち、今までのことをわかっているということ。

それには先述したような、コツコツと積み上げる受験勉強のように、地道な学習の蓄積が必要であることはいうまでもありません。

新たな付加価値を生み出せる人は、**受験生型の努力を決して怠らなかった人という言い方もできるでしょう。**

☑ 体格に恵まれた選手より「頭がいい」選手

スポーツの世界でも、監督の立場からすれば「頭がいい選手」は大変にありがたい存在です。たとえ身長が低くて体格には恵まれていなくても、頭がいい選手を監督は使いたいと考えます。

それは、監督が求めることをスピーディーに理解し、それを実行できるからです。監督が自分に何を求めているかを正確にくみ取る。すなわち戦術理解力に長《た》けているのです。

「この試合、相手がこう来るだろうから、今日はこういう戦術でいく。君はこういう役割だ。しかし、相手に大きな変化があれば、それに応じて変更する」と監督が伝えると、それをすぐに理解します。実際、それができない選手もけっこういるのです。

これがもう少し上のレベルの選手になると、用意したシステムが通用しないときに、それを自分でアレンジすることができる。こうした融通の利く対応力。それこそが、頭がいい人の特徴といえるでしょう。

現代社会に求められている「頭のよさ」とは何か

☑ 変化に対応し、相手の気持ちを理解できる

時代が求める「頭がいい人」とは、どのような人でしょうか。まず前提として、世の中の価値観は時代とともに大きく変化していますから、**その変化に対応できる力が求められます。時代が自分に求めているものは何なのか、何ができるのか。それを考える思考力をもっている人、そういう人を「頭がいい」と世の中は評価します。**

お笑い芸人のみなさんはしゃべりのプロですから、たとえばプライベートな時間でお酒を一緒に飲んでいても、場を盛り上げることが得意です。

しかし、競争が激しい世界ですから、業界で生き残れる人たちはごくわずか。その

成功者たちに通じる共通点は、制作スタッフが自分に何を求めているかが理解できているということです。たとえば、トークを時間軸で捉えながら、10秒や15秒という枠の中で、言いたいことをズバリと言い尽くすことです。話をスタートする前に、15秒後の着地点を意識し、そこから逆算して要点をまとめ、最後にクスッと笑えるオチまでつけて話ができる人をスタッフは求めているのです。

その点では、実は私も、過去にテレビで大失敗をしたことがあります。まだテレビという世界に慣れていない頃、ある番組で司会者から話をふられ、それに対し知っていることを私なりに答えたのです。

自分としては、そつなく話せたかなと思っていたのですが、あとで知ったところでは、それがすべて編集でカットされていました。理由は、私の話が長すぎたため、間延びして番組の構成に組み込みづらかったというものでした。これはつまり、私が制作サイドの意図を正しく把握できていなかったということになるわけです。言い換えれば、相手の気持ちがわからなかった、求められているものを正しく理解できていなかったということになり、大いに反省したことを今も覚えています。

☑ 場面に応じて求められるものは違ってくる

今紹介した例は「テレビ的な頭のよさ」ということになりますが、これがラジオであれば、時間枠は15秒よりはもっと長くなるでしょう。

さらに、大学の授業や講演会で、学生や聴衆の前で話すとなると、時間の捉え方はまた大きく変わってきます。中身のある話を100分間話し続けるのは、15秒の世界とは異なる力が求められます。

つまりは、**その場その場で求められることが違うということ、それを私たちは理解しなければなりません。**陸上競技であれば、短距離走者とマラソンランナーに求められるものは同じではありません。

ここで今、自分に求められているものが何なのか、それがズレずに判断できる。もし自分ができそうもないということであれば、「これは私の担当ではないな」と気づくこと。自分がすばらしいと思っているものでも、別のすべての場で通用するわけではないということがわかる人。こういう人は頭がいいといわれる人の中に多いのです。

☑ レジェンドですら時代に適応しようともがいている

私たちは新たなものにチャレンジして、自分を向上させていくことが必要です。マンネリ化せずに、いろいろなことを実践しながら、己の知を新鮮に保つこと。時代の要求に応えていくということです。それは一時代を築いた人も同様です。

棋界のレジェンド・羽生善治《はぶよしはる》さんは、2018年に「竜王」の座を追われて以来、タイトル戦の舞台から遠ざかっていました。その期間、羽生さんが語った言葉はあまりに印象的です。

当時10代の藤井聡太さんの将棋を「学びたい」と言ったのです。

AIの進化で戦術が大きく様変わりした今の棋界《きかい》で、羽生さんはそのAIに強い関心をもち、「過去にこのやり方で勝てたという経験にあまり意味はない。最先端の感覚を取り入れなければ生き残れない」と説いています。

史上初の永世七冠にして棋界のレジェンドと呼ばれる羽生さんでも、今の時代に適応しようとしている。この柔軟性こそが、頭がいい人の特徴です。

頭をよくするために実践すべきこととは何か

☑ 自分の行動に意味をもたせる

「あなたは今、何を意識してその作業をしているのか」と聞かれて、瞬時に答えられる人は「頭がいい人」です。ピアノの練習中にそう聞かれたとき、「このパートをスムーズに弾けるように左手の薬指を意識しています」とすぐに答えを返すことができる人は、常に課題をもちながら練習している人であり、頭の中も整理されている人です。

スポーツにおいても、たとえばゴルフのスイングを練習している人が、何も考えずに1000回振っても、筋力はつきますが上達はしません。一方、「上半身は腕とクラブを同調させるように意識して振っている」人は、ひと振りひと振りに意味をもたせています。

上達は練習の「質×量」で決まりますから、質がゼロなら答えも限りなくゼロに近くなりますし、後者のように意味をもたせた練習を1000回すれば、必ずショットは上達することでしょう。要は、**自分のやるべきことを鮮明にしておくということです**。

☑ 情報に優先順位をつける力

価値観が多様化する時代に生きる私たちは、目の前に並ぶたくさんの事項に対して、優先順位をつける力を求められています。

世の中はうまくいくことばかりではありません。仕事に就《つ》いて何か大きなミスをしたり、トラブルに巻き込まれたりしたときは、それを隠したり、そこから逃げたりせず、まずは早めに誰かに相談をすること。それがその場面での優先順位一位です。

自分より経験値の高い人からの知見を得ることで、危機から回避できる、あるいは損害を最小限で抑え込むことができる可能性が高まります。厳密な意味において、社会を1人で生きている人はいません。「チーム」という概念で選択肢に優先順位をつける力は、今の時代にとても必要とされていることだといえます。

☑ 頭がいい人は睡眠の大切さを正しく理解している

世の中の変化のスピードがどんどん速くなっている中で、このスピード感への対応ということも、今の時代の大きな特徴といえます。とはいえ、表層的な時間という川の流れがいくら速くなろうとも、地下水のようなゆったりした自分の時間を確保することは、これからの時代にこそ必要といえます。

分刻みでスケジュールを組んで仕事をしたり、家事に追われたりするのが「表流水」であるとしたら、読書の時間は「湧水《ゆうすい》」もしくは「地下水」と考えられます。この2つをもつことで知のバランスがとれるのです。

『論語』という2500年ほど前の孔子の言葉をかみしめる時間は、誰にも強制されないゆったりした自分の時間です。こうした「知の湧き水」が、私たちの知を枯渇させない源泉となるのです。表面の現代社会に対応しつつも、もうひとつの時間をどうもてるか。それが今を生きる大きなヒントといえるでしょう。

また、そうした時の流れの速さに押され、足を引っ張る最たるもののひとつが、睡眠不足です。**自分の生活リズムに合わせて十分な睡眠を確保できれば、頭がすっきりと冴《さ》え、身体も健康に保てます。**健康を保てているから、頭もスムーズに回転するのです。メジャーリーグの長い歴史の中で史上初の快挙を連発する活躍を見せている大谷翔平選手。彼は睡眠をしっかりとるためにチームメイトとの試合後の食事を断っていると聞きます。

仕事でもスポーツでも、豊かで実りのある時間を過ごしている人は、睡眠の大切さを理解している人です。睡眠の質でホルモンの分泌も変化し、それが身体のリズムに影響を及ぼすことを知っている人です。すべての人に平等に与えられている24時間をどう工夫し、寝る時間をどう確保するのか。その「知の環境づくり」が、今後の私たちの暮らしに大きく影響してくることは間違いないでしょう。

天才たちは習慣から創造性を生み出していた

☑ 天才のルーティンは意外に平凡

偉人と呼ばれる人たちは、私たち凡人が成し得なかった大きな成果を世に残してきました。35歳の若さで世を去った「アマデウス（神に愛された）」ことモーツァルトのような、波瀾《はらん》万丈の人生を送った天才もいる一方、**その日常を見ると案外と平凡な暮らしを送った天才が多いのも事実です。**

哲学者のイマヌエル・カントの日常は、驚くほど規則正しかったことで知られています。生涯独身だったカントは、早朝に起きると紅茶を飲み、仕事は午前中に行い、午後に散歩に出る時間まできっちり決まっていました。食事は夕方に一日1度だけ。

あまりに時間どおりなので、「カントを見ていれば時計がなくても時間がわかる」とまで言われたそうです。

天才が日々こなしていた驚くほど平凡なルーティンワーク。しかし、そこからは「ルーティンの力」を学ぶことができます。

無駄なく同じ生活を送るということ。それはすなわち、普段の生活に知のエネルギーを割く必要がないということです。考えるという行為を邪魔する外部のすべてをシャットアウトする。これにより、もっているエネルギーのほとんどを「思考」に使えるのです。

☑もっているエネルギーを「漏電」させない

アスリートの中にも、プレー以外の余計なことを考えたくないという理由で、ルーティンワークを大切にしている人は多いようです。元メジャーリーガーのイチローさんが、現役時代のある時期まで、カレーばかり食べていたという話はあまりに有名です。

その理由についてご本人は明言されていませんが、生活の中の不確定要素を減らすことも理由のひとつと考えられます。

日々多くの情報に囲まれて生活している私たちは、**ときには心の傘を差して、情報をうまくよけながら、静かな空間に身を置く必要があります。**

いわば、安心の家を心の中につくるということ。それが、求められている日常のルーティンワークであるということです。

余計なことに目を向けないということは、すなわちエネルギーを漏電させないということです。起きている間ずっとスマホを握りしめ、絶えずＳＮＳに応え続けるというのは、エンジンをアイドリングしてガソリンを少しずつ消耗しているようなものです。反対に、エネルギーを漏らさずしっかり溜《た》めていけば、ここぞという場面で一気に使うことができます。

思考のエネルギーは誰にでもある程度は備わっていますが、その使い方は人によって千差万別です。頭がいい人は無駄なく溜めたうえで、勝負どころで使うことができるのです。

この「勝負のとき」という意味では、頭がいい人は「ゴールデンタイム」ともいうべき時間軸の概念をもっています。これはゾーンに入る時間といってもいいでしょう。もっている時間が3時間なら、たとえば1時間ゾーンに入って集中する。そのために2時間を「無駄」に見えることに使ってもいいのです。

近代建築の三大巨匠の一人として知られるル・コルビュジエは、約50年という期間を建築家として生きましたが、そのルーティンも非常に興味深いものでした。

なにしろ、午前中はすべて絵を描くことに時間を費やし、建築設計事務所に顔を出すのは午後からだったそうです。

コルビュジエの中で、絵を描くことと建築設計は、芸術という枠の中で地続きにつながっていたのかもしれません。限られた時間の半分を建築以外に割いたとしても、それが結果的に設計への意識を掻《か》き立ててくれていたのでしょう。

クリエイティブな人ほど、**一見無駄に見える時間を自分のために使っているものです。**

いわば、精神に何かが降りてくるのを待つ、そのために遊ぶ、ぼーっとする、散歩をする。他人の目にどう映るかは関係ありません。

☑ 心をONにするスイッチをもつ

ルーティンにも通じることですが、「これをすれば自分はON状態になれる」という自分だけのスイッチを知っておくと便利です。

フランスの文豪オノレ・ド・バルザックは、夕方にいったん寝てから真夜中に起き、コーヒーをがぶ飲みしてから執筆作業に取りかかったそうです。本人曰《いわ》く、日に50杯ほども飲んだといいますから尋常ではありません。バルザックはコーヒーを自分の「援軍」として位置づけ、その助けを借りながら、徹夜の執筆作業という孤独な戦いを続けたともいわれています。

コーヒーの飲みすぎが医学的にどうであるかはさておき、その**明らかに普通とは異なる時間の使い方が、彼にとっては最もしっくりくるルーティンだったわけです。**

第1章

情報を整理するための思考習慣

#001

要約

キーワードを3つ選び1分間で説明する

☑ **どんな話でもエッセンスは1分間に要約できる**

「頭がいい」といわれる人の特徴として、アウトプットが上手であることが挙げられます。頭のいい人とは、要約力があって説明がうまい人ともいえるでしょう。

頭の中で考えていることを、言葉や文字、あるいは行動にして相手に伝える行為は、私たちが日々行っている基本的なアウトプットの形です。

身近なところでいえば、昨日観た映画や、読んだ本の中身を友達に伝えるとき、頭のいい人はわかりやすく、おもしろく説明することができます。

アウトプットの技を磨くには、**話の肝《きも》となるワードを3つ選び出し、そのキーワー**

ドを使って1分間という時間枠の中で説明する習慣を身につけることです。これは「説明術」といってもいいでしょう（「3つのキーワード」については52ページ参照）。

ひとつのワードに費やす時間は15秒。15秒とはテレビCM1本分の長さをイメージするとわかりやすいでしょう。つまり、テレビCM3本分で状況を述べて4本目で結論を示すと、1分で無駄なくコンパクトに話を要約することになります。この方法を使えば、どんな難解なテーマであろうと、話を1分でまとめることはできるのです。

私は大学の教員養成の授業でも、1年生が入学してくると、必ずこの「1分間説明法」を練習してもらいます。そして、15秒という時間を身体で覚えて話すように伝えます。最初は、ほとんどの学生が15秒という時間をもてあましてしまいます。

15秒というのは実は意外に長く、言い換えれば、多くの情報を伝えるには十分な時間であるるといえるのです。15秒の3つのポイントを、計1分でまとめて説明できるようになると、アウトプットの能力は格段にアップします。アウトプットの能力が長《た》けているということは、相手の時間を奪わないということにもつながります。

#002

逆算

アウトプットに必要な分を無駄なくインプットする

☑ 多くの人はインプット過多

インプットとアウトプットの量を比較すると、その割合は「インプット9：アウトプット1」くらいではないでしょうか。あるいは、気がつくとインプットばかりしていて、アウトプットはゼロに近いという人もいるでしょう。現代人の多くは「インプット過多」といえそうです。

しかし、それではインプットした情報に埋もれてしまい、頭の中は常にパンク状態。知性がうまく回転してくれませんから、アウトプットも上手にできません。

また、大きな論文やレポートを作成する際に、とにかく何でもかんでもインプットしておき、あとで時間をかけてその情報を整理して……というやり方では、頭が回転しないだけでなく、膨大な時間を無駄にしてしまいます。

一方、**頭がいい人は、「何をアウトプットするか逆算して考えながら、必要な情報を選んでインプットをする」というやり方**をしています。

たとえば、ある仮説の妥当性を論文にする（アウトプットする）には、何を調べる必要があるのか。膨大なデータの中から調べるべきものを無駄なくセレクトすると、漠然とインプットしていたときの10分の1ほどの時間と労力で足りることに気づくでしょう。

無駄な作業がなくなると、インプットの際の集中力も高まり、スピード感も格段にアップします。

このように、捕ってきた魚を無駄なく全部食べ尽くすように、インプットとアウトプットの量の差が少ない、すなわちインプットを無駄にしないということが、頭のいい人のやり方といえます。別の言い方をすれば、「インプットしてきたものを、どんどんアウトプットしていく」ということです。

#003

分解

難しい問題は小分けにして考える

難題にビビらないのは段取り上手だから

私たちは日々の暮らしの中で、しばしば大きな壁にぶち当たることがあります。「これを乗り越えるのは大変だ!」「困難な問題に直面してしまった!」と考えるとき、人はパニックになりがちです。

一方、そういうときにも決して「ビビらない」というのが頭のいい人の特徴です。そういう人はどんな局面でも大きく動揺することなく、冷静に対応できます。

その理由は、頭のいい人は**瞬間的に「段取り」を組むことができるからです。**

どんな困難なテーマでも、そのテーマを分析したうえで細かく区切って、「まずはこのステップをクリアし、それを踏まえて次にこのステップを……」と、段階を踏んで対処しているのです。つまり、**対処する準備ができているので、パニックになって慌てることがないのです。**

大きな問題を大きなままの形として受け止めてしまい、すべてを同時に解決しようとすると、私たちは手も足も出ないという絶望的な気持ちになります。

しかし、**小さく分けて分解すると、一つひとつは何とか解決できそうな気持ちになります。**その小さい部分だけに徹底して取り組めば、ひとまずその部分だけは解決できます。

私はチェロを弾くのが趣味なのですが、うまく弾ける部分と弾けない部分を小分けにし、苦手な部分を集中的に練習するというやり方をしました。そうすると、やがてその苦手な部分がいちばん上達し、結果として曲全体が滑らかになりました。

大きな問題に直面しても、その問題を小分けにして小さくし、小さくなったその一つひとつの問題を冷静に分析することができれば、落ち着いて対処することができるということなのです。

#004

高速化

時間を細かく区切り密度を高める

☑ 今と昔は時間の濃度が違う

「スピーチは3分以内にしてください」と言われると、「たった3分？」と思う人も多いかもしれません。しかし、3分というのは実はかなり長い時間です。

テレビ番組の収録中、エンディングに「残り45秒あるのでまとめてください！」とスタッフさんに言われたら、現場の演者さんたちは「そんなに!? なんでそんなに余ったの！」と大慌てです。逆にいえば、上手なMC（進行役）は5秒あれば番組のまとめにオチまでつけて、「では、さようなら」と締めることができます。

つまり、この5秒は実に濃度の濃い時間といえるのです。

現代社会は昔に比べ、時間が非常に細かく区切られ、その区切られた一つひとつの時間の濃度がとても濃くなっています。改札口で前の人がＳｕｉｃａのチャージ不足で詰まったりすると、そのわずか1、2秒のロスに対して後続の人は苛立《いらだ》ちます。手で切符を切っていた昔と比べたら、随分とスピーディーになっているにもかかわらず……こういう高速社会に私たちは生きているということなのです。

言い換えれば、**時間を細かく区切り、密度を高めて仕事をしたり、趣味に没頭したりすることは、高速社会で生きるうえで必要なことでもあります。**意識せずとも「15秒はけっこう長いな」と思えるようになれば、1分、あるいは3分あれば相当なことができるようになり、生活の密度を高めていくことにつながるわけです。

私はテレビの台本は本番当日に短時間で読むことがほとんどです。というのも、収録というのは当日になって内容が変更になることが珍しくないためで、**そうした短い時間で密度の濃い打ち合わせをするという作業は、高速社会を生きる私たちが慣れていくべき課題だといえるでしょう。**

#005

関連づけ

バラバラの情報は「問い」を立てて一本の筋を通す

☑ 断片化された知識を体系化する

知識が豊富ならば、それだけで「知性のある人」、すなわち「頭がいい人」といえるかといえば、必ずしもそうとはいえません。知識につながりがなく、バラバラな状態では、単に情報の断片が散らばっているだけ。いわゆる雑学的知識です。**知識を活かすには互いに関連づけて整理し、適切な場面でアウトプットすることこそが重要なのです。**

バラバラの情報を体系的にまとめていくには、「問い」を立てて一本の筋を通していくという方法があります。

たとえば、「産業革命とは何か？」という大きな「はてな（？）」について、ただ漠然と時系列に事実を書き連ねていくのではなく、「なぜイギリスで始まったのか？」「具体的には、何の変革か？」「世界への影響はどれほどあったのか？」という具合に、**小さな「はてな（？）」の形で「問い」をたくさん立てていきます。**

すると、その答えとして集まった知識には、それぞれ関連性や共通点があるはずなので、一本の筋として産業革命の全体像が見えてくるのです。

「問い（？）」を立てながらアウトプットをしてもらった（話してもらった）人は、話のポイントを理解しやすく興味深く聞くことができます。具体的には、普段から生活の中で気になったことや思いついたことを、「？」をつけながら手帳などにどんどん書き込んでいきます。

そして、後日調べたり、気づいたりした「？」に対する答えを、今度は「！」で書き込んでいくのです。「？」に対して「！」がワンセットでひとつの知識として関連づけられますから、**「？」と「！」が３セットほどあれば、「産業革命とは」という大きな「はてな」の説明として体系づけられます。**

#006

振り返り

リフレクションタイムを挟んでインプットする

作業を終えたらいったん振り返る

たとえば、受験生が数学の問題集に取り組むとき、1回やり通してそれで終わり、という人も多いと思います。しかし、実はこれは非常にもったいないのです。

よほどの秀才でない限り、一度にすべては正解できないので、解けなかった問題も必ずあるはずです。それはその人の苦手なポイントであるため、答えを見て、しばらくしてからもう一度やってみても、やはり解き方を忘れてしまい解けなかったりするものです。

そういう場合は作業からいったん離れて行動や考え方などを俯瞰《ふかん》して振り返るリフ

レクションタイム（振り返り）を設け、もう2回、3回と繰り返し取り組むようにします。

1回目は、解ける問題と、解けない問題を分ける「作業」だと思い、さっさと終わらせます。**解けなかった問題は答えを見て振り返り、リフレクションタイムをとり、2回目にトライします。**そこでも再びできるものとできないものをふるいにかけます。

仮に5回目なのに解けないとしても落ち込む必要はありません。リフレクションタイムを設けながら、解けるまで繰り返していきます。これは英単語を覚えるときも同じです。

私の持論ですが、英単語の記憶のピークは7回目に来ると考えています。7回やればたいてい覚えられるものなので、7回目までは何度も立ち止まって振り返りながら、チャレンジを繰り返すようにしましょう。

勉強に限らず、いったんやってみて、うまくいかなかった場合でも、**立ち止まってフィードバックし、再度取り組んでみるということは、頭がいいといわれる人に共通する基本的なメソッドなのです。**

#007

音読

声に出してインプットをたしかなものにする

☑ 音読でミスが激減したある会社

情報をインプットする際に、**頭の中だけで処理をするのではなく、あえて声に出してみる**というやり方もあります。行為そのものはシンプルですが、効果的です。

ある経営者の方から伺った話なのですが、社内でどうしてもミスがなくならず、頭を悩ませていたところ、ある日の朝礼から、ミスポイントを社員全員で音読するようにしてみたのだそうです。結果、何をしても減らなかったミスが激減したそうです。

実際、体を通った自分の声というのは、特別な強さで印象に残るものです。

たとえば、私は時計とメガネとスマホの3つが、最も忘れやすいグッズのトップ3

なので、普段から「時計、スマホ、メガネ」と声に出すクセをつけています。事実、これをするようになってから、まったく忘れないようになりました。

それほど声を出して耳に入れ、脳に強く印象づけるという方法は効果的なのです。声に出して誰かを傷つけてしまったようなときは、強い後悔の念となって深く心に染み込んでいきます。逆に、おもしろいことを言って友人をゲラゲラ笑わせることができたときなどは、ポジティブな意味で、やはり深く心に残ることでしょう。

このように、声に出すという行為は、シンプルに心地よく楽しいというだけでなく、実際に脳の働きをよくするという科学的なデータも近年は出始めています。

音読中の人の脳を画像から調べてみると、さまざまな部位で神経細胞が働き、これにより血流の増加がみられることもわかってきました。これが、**脳の活性化に効果を発揮し、認知症やうつ病などへの効果も期待されています。**

ちなみに、二宮金次郎は薪《まき》を背負いながら本を読んだという逸話が有名ですが、読み方は音読だったそうです。金次郎は音読の効果を肌で感じていたかもしれません。

#008

物語化

覚えにくい情報はストーリー化でインプット

☑ **知識と物語を融合する**

知識は豊富にあるのに、うまくアウトプットできないという人は少なくありません。そういう人には、「物語化してしまう」というやり方がおすすめです。

勤務先でプレゼン資料をつくるときには、ただ単に**情報を羅列するだけでなく、説明に物語（ストーリー）性を導入するのです**。「なぜこの企画を提案するのか、具体的に何をするのか、これにより会社の未来はどうなるのか」という具合に、起伏をつけて説明すると、聞いている側は「非常に聞きやすいプレゼンだ」と感じることでしょう。

これは、インプットする立場になっても同じことで、覚えにくいものはストーリーやエピソードにしてみると記憶しやすくなります。

たとえば、高齢者が外出する際に、「ガスの元栓を締める」「カーテンを閉める」「電気を消す」といった、やるべき項目が10個あるとします。これらすべてを覚えておくのは、なかなか大変です。

ところが、起きてから出かけるまでの自分の行動を物語のように順序立てて記憶すると、不思議なほどスムーズに脳に定着する、という実験がありました。そして「ガスの元栓」や「カーテン」といった、一見**バラバラで無関係に見えていた情報が、物語として序列化され、構造化されてくるのです。**

断片化した情報をまとめるには、このようにストーリー化するという方法もあるのです。

ちなみに、ここでいう「物語」とは、荒唐無稽で非現実的な内容でも大丈夫です。「赤い怪獣が空を飛んでガスの元栓を締めて……」のように、あり得ない設定のほうが、むしろ、そのギャップがインパクトとして記憶に残るということがあります。

#009

印象づけ

情報は感情移入してインプットする

☑アクティブな感情が記憶をたしかなものにする

知識を自分のものにするためには、できるだけ感情をそこに入れてみるというのもひとつの方法です。情報のインプットと人の感情は深いつながりがあり、感情がアクティブに動いたときに、より知識の吸収力も高まるからです。

テレビでニュースを見るときには、わざと「えー！　そんなことあるの？」「こりゃ楽しそうだ！」といった具合に、気持ちを思いきり乗せるのです。そうすることで**感情は揺り動かされ、インプットもたしかなものになります。**

旅先のオーベルジュでジビエの料理を提供されたとします。そういうジャンルの料理があることをテレビで見たことはあっても、それは無機質な情報にすぎません。

しかし、実際に目の前に出されて香りも嗅ぎ、「このウサギうまそう！　これがジビエか！」とシズル感をもって受け止め、「初の体験！」「食べたい！」と**感情が爆発すれば、そのときの場面は本当の体験として強く心に残ります。**情報というものは、一つひとつは淡々とした存在です。心に力を込めて印象づけない限り、右から左へ流れて消えてしまうことも少なくありません。

しかしそこに感情を乗せて記憶しようとすると、情報は心の中にとどまり、自分の気持ちに明確に残るのです。

気持ちを乗せるという行為は、その淡々とした情報に、感情で色づけをしていく作業ともいえます。

これは、アウトプットをする際にも意識すると役に立つ方法です。

披露宴でのスピーチなどで、聴衆が一度も笑ったり、驚いたりした様子がなかった場合は、その人たちの感情を一度も揺り動かすことができなかった可能性があります。翌日にはみなさん、その人が話したことすら忘れているかもしれません。

#010

バディ

2人1組で交互にアウトプットする

☑ **仲間がいると生まれるやりがいと緊張感**

勉強をしたりニュースを見たりするときに、声に出したり、感情を乗せて盛り上げてみたりといった方法をご紹介しましたが、1人でやるのは気恥ずかしいという人もいるでしょう。どうせ声に出すなら、聞き手がいたほうがやりやすいのは当然です。

そこで、共通のテーマで学習できそうな仲間がいるならば、**2人1組でタッグになって取り組む「バディ(相棒)方式」がおすすめです。**「2人チェック方式」あるいは「キャッチボール方式」という呼び方でもいいでしょう。私はこのやり方を、中学生のときによく友人とやっていました。

定期テストの前になるとどちらかの家に行き、たとえば社会科の教科書の同じ部分を読み込んだあと、私がそれを1～2分でアウトプットし、友人は教科書を見ながら、聞き手にまわってチェックします。これを交互に繰り返しながら、教科書の内容を一緒に記憶していくわけです。

その際に大事なのは、「けっこうよくできてたよ」「あとはここだけだね」といったように、**基本的にはポジティブに評価し合うということです。**互いに褒め合うと、シンプルにやりがいが生まれます。そして、他人にチェックしてもらうことで、自分で気づかなかったかもしれない漏れを防ぐこともできます。

褒め合うだけでなく、相手がいるため責任も発生しますし、ある種の「勝負」でもあるため、いい意味での緊張感が生まれます。その**真剣さは、互いのインプットやアウトプットをたしかなものにするでしょう。**

また、やってみるとわかりますが、相手のアウトプットをチェックしているときでも、自分がアウトプットしているときと同じように記憶に残り、どちらの側になっても、しっかりと覚えられるのです。

#011

全体像

ポイントを「3つ」に絞ると論理の筋道が見えてくる

☑ 全体像を把握できているから3つに絞れる

理解や説明のカギとなるのが「3」という数字です。大学で教えている学生にも、お題を出し、それを3つのワードを使い説明する練習を行っています。ワードは2つでは少なく、4つや5つでは多すぎる。効率的なところで3つが最適だと考えています。たとえば、昔話の「浦島太郎」がお題なら、「亀」「竜宮城」「玉手箱」のようなワードを選んで物語を説明する。うまく説明できなければ、ワードの選択を誤ったのかもしれません。

短時間にポイントを3つに絞り込むには、全体像を正確に、素早く把握する力が求

められます。重要なポイントをスピーディーに突けるということは、物事を理解して説明するうえで重要な作業といえます。

実際、この「3」というのは論理の世界で象徴的な数字です。たとえば、信号機が3色であるのも実に絶妙なバランスで、仮に赤と黄の間にオレンジを入れて4色にしてしまうと、ドライバーに混乱が生まれるに違いありません。

「フランス革命は、『フランス人』と『民主主義』の話だ」と説明するより、「自由」「平等」「友愛」という**3つのワードで説明するほうが、話が立体的に構築され、革命の理念も伝わりやすくなります。**

#012

読解

重要度ごとに情報を3色で分ける

☑ **色分けするうちに要約力や読解力が身につく**

私は若い頃から、本を読むときは気になった箇所を3つに色分けしています。この「3色ボールペン法」とは、「ここは筆者がいちばん伝えたい外せない部分だな」と感じた最重要部分に赤い線を、データなど情報として客観的に重要な部分に青い線を、そして100％主観で「おもしろい！」と感じた部分に緑色の線を引く。簡単にいえば、**赤が「すごく大事」、青が「まあ大事」、緑が「おもしろい」です。**

当然、線を引いてしまったら消せませんから、ある種の緊張感が生まれます。筆者の思いと向き合いながら、最重要部分を読み取って赤い線を引く。

この心地よい緊張感は、読書をするにあたって必要で楽しい感覚だと私は思っています。何より、どこがその本の肝《きも》なのかを読み取る力がなければ、線も引けません。**読みながら３色に色分けすることを繰り返していくと、自然と要約力や読解力が身についてきます。**

この「３色」の思考法は、読書に限らず、あらゆる場面に応用できます。**青の客観データでいえば、普段の会話でも常に数字が欠落して説得力がない人をたまに見かけることに気がつきます。**かくいう私も、テレビで食レポをお願いされたとき、料理を口いっぱいに入れてしまい、何も言えずに時間がオーバーしてしまったことがあります。ああいうときは、まず「おいしい！」と伝えるのが赤の部分、具体的な味や食感の感想は青、さらに「激辛すぎるけど自分は大好き！」のような超個人的な感想なら緑。そのいちばん大事な赤い部分の「おいしい」が、私は言えなかったのです。

言い換えれば、最も伝えたい重要な部分（赤）に、それを裏づける説得性のあるエビデンス（青）、加えて個人の主観で感じ取ったきらりと光るエッセンス（緑）を加えることで、魅力的なアウトプットができあがるということなのです。

#013

関係性

「矢印思考法」で文字資料を図化してしまう

☑ キーワードを拾い出して記号で結ぶ

会議の資料などを補足するには、図解したプリントなどが別途用意してあると効果的です。

ただ、あらためて図解をつくらなくても、**ペンを使って文字を自分で図化してしまい、これによりテーマの全体像を浮かび上がらせるという方法もあります。**具体的にいうと、文字だけでつくられた資料の中の、ポイントと思われるワードに線を引いたり丸で囲ったりしながら、関係性に応じて「↓」「＝」「⇔」などの記号で結んでいくと、やがて資料は一枚の図になります。

これを黒いペンだけでなく、意味に応じて色分けしてみたら、さらにわかりやすくなるでしょう。結果、隣の席にいる同僚の文字資料と比べて、あなたの資料だけが格段に理解しやすい図化されたものになっているというわけです。

やり方だけを聞いていると簡単そうな気がしますが、やってみると意外に難しく感じるかもしれません。記号はやみくもに結べばいいわけではなく、各々のワードの因果関係や時系列などを正確に理解し、会議の場であれば、説明者のトークと同時進行で素早く的確に書き込んでいく必要があるからです。関係ないワードを矢印で結んだり、意味のない言葉を囲ったりしていたら、正しい図はできあがりません。

プリントされた無機質な文字が、どんどん図になって可視化されていくのはシンプルに気持ちのいい作業です。このやり方に慣れてくると、たとえば友人から人間関係の相談を受けたときなどに、紙にボールペンでサッサと書きながら図化していくと、複雑に絡み合った人物の相関関係が浮かび上がり、「なるほど、要するにこのAさんとCさんの関係が今回のポイントというわけだね」と、問題の本質を図で示すことができます。

#014

説明

子どもでもわかるように かみ砕いてみる

☑ **自分が理解していないと子どもには説明できない**

難しい話を、大人に向かって難しく話すことは、実はそれほど難しくありません。本当に難しいのは、**難しい話を小さな子どもでもわかるようにかみ砕いて話すこと**です。大人というのは子どもよりも理解力があるだけでなく、ひとつのワードの意味がわからなくても、会話全体や流れの中でおおまかな意味は理解してくれます。

職場で同僚と株式市場の話をしていて、あなたが「オーバーシュートの懸念があるね」と言ったとします。相手はその言葉の意味をよく知らなくても、文脈の中で「相場の過剰反応というような意味だろうな」と理解してくれたりするものです。あるいは、あなた自身が自分でもよくわかっていない専門用語を使っていたりすることもあるでしょう。

しかし、子ども相手ではそうはいきません。自分が本当に理解できている言葉しか武器にできませんし、カタカナを羅列したビジネス用語もいっさい使えません。その縛りの中でわかりやすく説明するという作業は、**質の高いアウトプットの練習として非常に効果があります。**私はこれまで、ニーチェの言葉や武士道の考え方、仏陀の教えなどを子ども向けに「超訳」した本をいくつか出してきましたが、ある意味、**大人向けの本をつくるよりも難しい作業である**ことに気づきました。

たとえば、マネジメントの発明者、ピーター・ドラッカーについて説明するなら、「ドラッカーは会社の経営の仕方を教える経営学者として有名な人だけど、実はこの人が最も関心をもっていたのはお金ではなく、人の本当の幸せとは何だろう、ということだったんだよ」などと説明し、問題をやさしくかみ砕くクセをつけると、実は自分でもよくわかっていなかったポイントに気がつき、理解度を深めることができます。

#015

優先順位

情報はＡ４用紙１枚にまとめてみる

☑ **説明したいことをコンパクトにまとめる力**

会議などで人に何かを説明するときに、資料を何十枚もつくる必要はありません。基本はＡ４用紙１枚で十分です。仮に紙数を増やしても、どうせ会議中には読みきれません。

ここで重要なのは、**説明したいことをＡ４用紙１枚にコンパクトにまとめるための要約と構成力を身につけること。**

資料が何枚にも増えてしまう人は、この力が十分に備わっていないといえるかもしれません。私の大学の授業では、企画説明の練習を行う場合、必ずＡ４用紙１枚にまとめた企画書や説明書を学生それぞれが作成し、それを全員に配ったうえで、わかりやすく説明をしてもらっています。

たとえば、「関ヶ原の合戦」といった歴史用語や、「米国の利上げ」などの時事用語をＡ４用紙１枚にまとめてもらい、１分程度の時間で説明してもらうのです。**Ａ４という限られた紙幅に合わせて情報を厳選し、優先順位をつけながら紙上に配置します。**必要に応じて表や図を入れていけば、わかりやすさは格段に増します。

上手に構成されたフォーマットは、パッと見た瞬間に「おっ！」と見る者をうならせ、５秒くらいで全体像が理解できたりします。そして、やがてはどんなことでもＡ４用紙１枚にまとめる力が備わります。これが前述した要約する力、構成する力、さらには説明する力ということになるわけです。

ちなみに、「話し上手」といわれている人に多いのですが、「自分は絶対に資料なんか使わない」「僕のトーク力があれば十分だ」と勘違いしている人がけっこういます。しかし、**「口がうまい」のと「プレゼンの質」とはまったくの別もの**ですし、どう考えても資料があったほうが理解しやすいのです。

#016

検索

何でもかんでも調べるクセをつける

☑ スマホを本気でフル活用する

世界中の膨大な情報が無料で得られるインターネット。これをいつでもどこでも可能にしたのがスマホというデバイスです。

一方、この情報を持ち歩くことを可能にした現代の「神器《じんぎ》」を、**十分に活用できているる人が意外に少ない**というのも事実です。

コロナ禍に入る前のこと、ある飲食店で数人のお客さんが経済の話をしていたのですが、「リーマン・ショックっていつだっけ」という「難問」で議論がストップしていたのです。

全員がスマホをもっているのですから、検索すれば30秒もしないでわかるはずです。結局、「まあ、それはさておき」と言って話は進行していきました。ネットを使えば、金融危機がいつどういう経緯で起きたか、さらには関連するデータも引っ張り出してくることができます。

本質的な話に具体性をもたせるにはエビデンス（根拠）が不可欠です。**スマホを駆使すれば、どんなあいまいな話にも具体性や論理性をもたせることができる**のです。SNSやネットニュースを眺めるときだけにスマホを使うのでは、何とももったいない話です。

また、頭がいい人は「ググる」作業も得意です。**検索ワードの選択が的確なため、素早く情報にヒットできる**のです。実際、複数の学生に同じお題で同時に検索してもらうと、1分、2分とかかる人もいれば、数十秒で「ありました」と言う人もいます。検索上手な人は、求める情報Aに関連しているものが何かを正しく選べますし、類似した別の情報Bを拾わないために、Aに特化したワードも素早く見つけてきます。

#017

認知

知識を積極的に使い生きた「自分の情報」にする

☑「生きた知識」と「死んだ知識」

勉強とはすなわち知識を得ることですが、認知科学という研究分野では、知識には2種類あるとしています。それは「生きた知識」と「死んだ知識」です。生きた知識とは、頭の中からすぐに引っ張り出して使える知識です。机の上にある愛用のボールペンのようなもので、毎日のように使うので、目をつぶっても手に取れます。一方、死んだ知識とは、机やタンスのいちばん奥に眠っている、もう何年も目にしていない古い通帳やアパートの契約書のようなもの。**生きた知識は「積極的な知識」、死んだ知識は「消極的な知識」ともいえます**。私たちは、知識を生きたものにするために、積極的に日常生活で使ってみる必要があるのです。

また、**雑学的に暗記しただけの断片的な知識を「死んだ知識」といい、必要なときにすぐ取り出せて、ほかの知識とコラボして使いこなせる知識を「生きた知識」といいます。**

「永禄3年に桶狭間の戦いで信長が勝利した」というだけの断片的な知識は、それ単体ではあまり役に立ちませんし、自分のものになっていません。一方、「今川軍2万5000人に対し、わずか4000人の織田軍が緻密な戦略で撃破し、これを境に戦国時代の様相が一変した、歴史を変えた大きな出来事」までパッケージングし、合戦がどのような背景で、なぜ起きて、後世にどんな影響を与えたのかまで理解していれば、その知識は「生きた」ものとして自分のものになっているといえます。

受験生は一般に5000以上の英単語を記憶しますが、英会話はまったくできないという人はザラにいます。しかし、米国では3歳の子が、はるかに少ない語彙でペラペラと会話をしています。その子の中で知識が体系化し、生きた知識となっているからです。

#018

芋づる式

コンビかトリオで覚えると知識を取り出しやすい

☑ **セットで覚えると芋づる式に思い出す**

記憶するときに、「A」という情報を単体で覚えるのではなく、関連する「B」、あるいは「C」まで含めて2つ（コンビ）か3つ（トリオ）というセットで覚えておくと、記憶から引っ張り出すときにとても便利です。

仮にAが思い出せなくても、BやCをきっかけにしてAを芋づる式で思い出すことはよくあるのです。

宗教改革であれば、「中世末期のキリスト教における革新運動」と、「聖書中心主義を唱えたルター」、そして「予定説を唱えたカルヴァン」と3つをセットで覚えれば、どれかひとつを思い出すことで、ほかの情報も思い出すことができます。

これを習慣づけると、**情報がお互いを引っ張り合い、どこからでも思い出せるようになってきます。**

イタリアの天文学者であるガリレオ・ガリレイと、イングランドの自然哲学者であるニュートンを、時代的に関連づけて覚えているという人は少ないかもしれません。

しかし、ガリレオの死去がグレゴリオ暦１６４２年１月、ニュートンの誕生が同１６４２年12月です。一人の天才が去り、入れ替わるように別の天才が現れていたことがわかります。

これを壮大なドラマとして２人をセットで覚えておくと、「引っ張り合い」の効果もありますし、何より歴史を**断片ではなく、つながりとして捉えることができます。**

#019

発想

コスモスとカオスを行き来して情報を整理する

☑ **秩序だけでは斬新な発想は生まれにくい**

議論をしていると、とにかく波風を立てないように無難にまとめようとする人がいます。

これは会議でも同様で、司会者によってはひたすら秩序を保ちつつ、平穏無事に1時間の会議を終えようとします。

しかし、そこからは新しい発想は生まれません。

議論や会議は、「秩序（コスモス）」と「混沌《こんとん》（カオス）」がほどよく行ったり来たりする状態が理想です。**コスモスだけに終始してしまうと、議論はそこに小さく収まっ**

てしまって、新しいアイデアは生まれてきません。

まとまりかけたコスモスに、大胆な角度から予期せぬ意見を放り込むと、ある種の混乱が起きて会議はカオス化します。見たことがない発想が生まれるのは、そういうときなのです。予定調和で終わらせないというのが大事なポイントです。

一方、そういった斜め上の意見だけで1時間話し合っても、会議は永久にまとまりません。**尖《とが》った意見の数々を練り上げながらコスモス化していく**。この作業を繰り返すうちに、参加者のアイデアが混ぜ合わさったような、重層的に折り重なった結論が導き出され、結果として会議は充実したものとなるわけです。

これは、普段の会話でもそうですし、講演会で聴衆の前で話すようなときも同じです。たとえば、本の話をするとき、ひたすらその内容のすばらしさを説くというやり方でもいいのですが、あえて「本は絶滅する運命にある」とか「電子情報の一部となっていく」などと言い出してカオスを起こし、「それでもなぜ人は紙の本に魅せられるのか」とコスモスにもっていくと、**奥行きと幅ができ、おもしろい展開が生まれることも多いです。**

#020

振り分け

優先順位の低い情報は場面に応じて切り捨てる

☑ 優先順位の低い情報を捨てる勇気

頭がいい人は、会話をしていても会議をしていても、**必要な情報とそうでない情報を正しく振り分けることができます。**

AからEまで5つの議題候補があったとき、体系的な順序が「AからEへ」であっても、「今回は時間がないからCから議論に入ろう。AとBはタブレットで共有して、各々で時間のあるときに見ておいてもらおう」という具合に、AとBの説明をその日の会議から切り捨てる決断ができます。

取引先と打ち合わせに行って戻ってきた営業担当者が、上司に報告をする際、「社屋がリフォームされていました」「先方には会えました」「ちなみに10分待たされました」などとダラダラと話したあとに、「前回の打ち合わせとの齟齬《そご》があり、大変ご立腹でした」などと最後に言いだしたら、上司は「それを先に言え！」と怒りだすでしょう。情報の整理が苦手で優先順位がつけられないため、話が無駄に具体的なだけで、本質がまったく理解できていないのです。

そういう人は、**情報の取捨選択ができていないから、頭に浮かんだ言葉を全部話してしまうのです。**

また、場合によっては数分ですべてを伝えなければならないときもあります。そういうときは時間を逆算して、限られた時間で何と何を伝えるべきか、手持ちの情報からセレクトし、話を要約して手短に伝える必要があります。本書でこれまで、「話は15秒で」「時間を細かく区切って話す練習をする」「ポイントを絞って」とお伝えしているのは、まさにこのためでもあるわけです。

資料をつくるときも同じです。A４判という紙幅には本１冊分の情報は載りません。**正しく取捨選択すると、いわゆるペラ１《イチ》の形でもまとまった資料ができるのです。**

#021

本質理解

問題を「より大きな問題の一部」として捉える

☑ **システムシンキングを習慣化する**

56ページでご説明した「矢印思考法」は、「システムシンキング」という概念を具体化した方法のひとつです。これは、ピーター・M・センゲ氏の『学習する組織』（英治出版）で世に広がった考え方で、**物事全体を俯瞰《ふかん》しながら、そこにある要因と要因の因果関係を正確に把握するという思考法です。**同書の中でも、因果関係を図にして全体を構造化する手法が紹介されています。

たとえば、新入社員が「問題がたくさん発生して、どこから手をつけていいかわからない！」と悩んでいるケースがあるとします。その場合、まずは「問題」をとりまく全体像を広く見ながら、複数あるという「問題」の重要度、関係性、優先順位などを序列化し、それにより「最初にやるべきこと」を決断します。それができれば、その人はシステムシンキングの思考法が身についているということになります。

これと正反対なのが、いわゆる「木を見て森を見ず」というタイプの人。物事を断片化したピースとしてしか捉えることができませんから、**いつも目の前の情報に振り回され、いつまでたっても問題の本質にたどりつけないのです。**

ＮＨＫの大河ドラマ『青天を衝《つ》け』で注目された渋沢栄一は、システムシンキングができていた典型的な人物の一人です。

彼は江戸末期に幕臣として欧州を視察しますが、ほかの人たちが「橋が立派だ」「街並みが美しい」と、いわば「森」を見ずに「木」だけを見て感動していた中、ただ1人「株式会社の概念」「銀行という金融システム」といったように、ヨーロッパ社会の全体像をシステムとして捉えていたのでした。

頭がいいといわれる人は、**問題をより大きな問題の一部として捉え、ほかの要素とのつながりを考えることを習慣化しているのです。**

#022

的を射る

「具体的かつ本質的」な回答を目指す

☑ **具体性も本質性もない答えに意味はない**

質問されたことに対し、抽象的な答えしか返せない人は少なくありません。あるいは、本質からズレた関係のない答えをして、それに気づいていない人もいます。

頭がいいといわれる人は、**問いに対して「具体的かつ本質的」な答えを常に心がけています。**本質とは「的を射ている」ということ。目指すところはまさにそこです。

たとえば、Aさんが Bさんに「昨日の休日は何をしていたの」と聞いたとしたら、Bさんは「午前中はジムに行って筋トレしたよ」とか、「夜はナイターを観に行ったよ」と答えればいいところを、朝7時に起きて洗濯をして、そのあとで布団を干して……

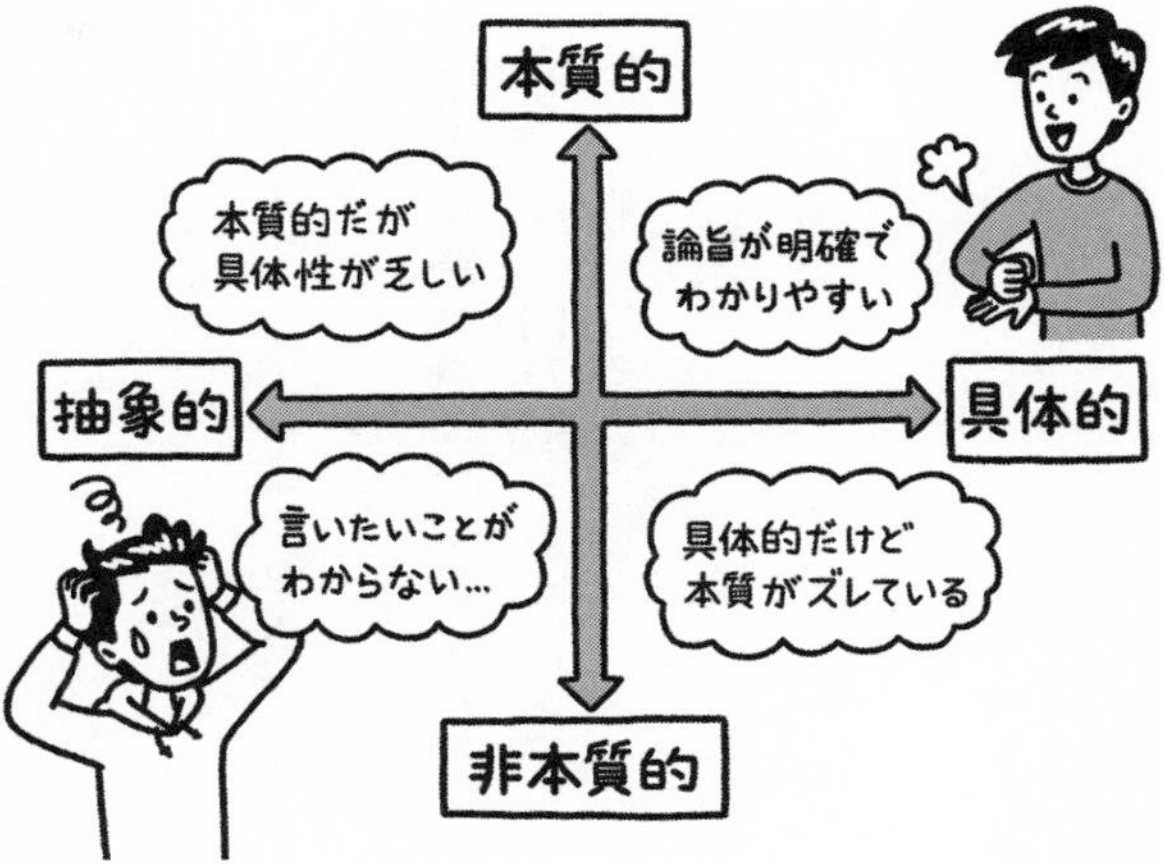

などと、味のない事実の羅列をひたすらしてくれるかもしれません。

しかし、これは具体的なだけで本質ではないわけです。あるいは、ゴルフ好きな方に「ゴルフのどんなところに魅力を感じていますか」と聞いているのに、「ゴルフは僕の人生だからさ」と返されても、質問者が知りたい答えにはなっていません。

おそらく、その答えはその人にとっては本質なのかもしれませんが、具体性がまったくないからです。

また、野球選手が「スライダーを打つにはどうしたらいいでしょうか」と相談されているのに、コーチが「とにかく根性だ！　気合でいけ！」としか答えられなければ、そこには具体性も本質性も両方ないということになってしまいます。

この、「本質性」と「具体性」の概念を4分割したのが75ページの上図です。理想はいうまでもなく、**具体的かつ本質的であること。**すなわち、図の右上のゾーンにいくほど理想的ということになります。

これが実践できた典型の1人が、元総理大臣の田中角栄氏です。彼は聴衆の求めているテーマを的を射るように選び出し（本質的）、感覚的なように見えてしっかりと数字や事例を並べ（具体的）、そうしたスピーチで人々の心をわしづかみにしたのです。

普段の自分の会話や文章が、この図のどのあたりにあるのか、落とし込んで分析してみるのもいいでしょう。

第2章

会話を知的にするための思考習慣

#023

連動

話は要約して聞き そのうえで広げる

☑ ときに新たな意味を加え、話を広げてみる

誰かと話をしているとき、まずは「聞く」という行為に集中することが重要です。

ここでいう「聞く」とは、単に音として耳に入れるという意味ではなく、相手が何を伝えようとしているのか、**言葉の裏にある意味を読み取りながら、頭の中で正しく要約するということです**。要約できたときが、「話の内容がわかった」ときなのです。

世の中には話が上手な人ばかりがいるわけではありません。回りくどい話し方しかできず、自分でも何を言っているのかわからなくなってしまう人もいます。そういうタイプの話も、しっかりと聞いて要約することができれば、相手もほっとするもので

す。これは、34ページでご紹介した「アウトプットを意識しながらインプットする」という方法にも通じます。

「なるほど、つまりこういうことですね」とたとえてみて、「ということは、こういうことにもつながりますね」と、**ときに新たな意味を付け加えて話を広げてみます。**それらが芯を食った的確な返しであれば、相手は「この人は正しく理解してくれているな」という安心した気持ちになり、その後の相手のトークはスムーズになるでしょう。

これが会社の上司やクライアントとの会話、ビジネスパーソン同士のやりとりであれば、**「この人は要約する力が高い人だ」「頭のいい人だ」という評価につながるわけです。**

このように、聞く力がつくだけで、思考力のレベルはずいぶんと上がります。日頃から「人の話は要約できるように聞く」と意識している人と、漠然と聞いているだけの人では、それだけで大きく差がつくことになるでしょう。

#024

寄り添う

聞く姿勢をつくって相手を安心させる

☑ **相手に身体を向けて「全身で聞く」心構え**

人の話を聞くとき、「姿勢」というのも実は大変に重要です。**話し手に向かって自分の胸を向け、正対するのが基本です。**話し手が右にいるなら、自分の身体も角度をちょっと右に向けて動かす。シンプルな行為ですが、これだけで話し手の緊張はずいぶんとやわらぎ、より円滑なコミュニケーションが図れます。

講演会に呼んでいただくと、体育館のような場所にパイプ椅子が並べられているわけですが、たいていは垂直かつ平行にまっすぐ並べてあります。そうなると、聞く側からまっすぐに前を見た場合、ほとんどの人の視線の先に私はいないことになります。

理想としては、椅子は半円を描くように並べるのが最適でしょう。

このように、人の話を聞くときは相手に身体を向け、「全身で聞く」という意識が必要なわけですが、そうなると頷《うなず》き方や、相槌《あいづち》の打ち方も変わってくるはずです。

笑顔での「なるほどね」という頷きもあれば、深刻な場面での無言の頷きというのもあるでしょう。頷くという行為は「腑《ふ》に落ちた」ことを相手に伝えるリアクションです。私たちは人の話を聞くとき、**きちんと反応できる準備を心の中でしておく必要があるのです。**

コロナ禍で、大学の授業もオンラインで行うことがありましたが、最初のうちは顔を出さないで参加している学生がほとんどでした。顔が見えずリアクションもない何十人もの学生を相手に、90分の講義をするというのは、どんなにタフな人でもメンタルにこたえるはずです。顔出ししてもらうとラクになりました。

顔が見えるということは、人がコミュニケーションをとるうえで実は大事なことです。そして、それゆえに聞く側の「身体の姿勢」というのも、とても大事だということなのです。

#025

起点

話を引用するときはその人の名前をあえて出す

☑ **自分の手柄にしようとしない**

会議をしているときなどに、たとえばAさんが提案した話に乗っかり、それをさも自分のオリジナルの考えであるかのように話を進めようとする人がいますが、頭のいい人はこうしたことは絶対にしません。

「先ほどAさんもおっしゃっていましたが、私もたしかにそのとおりだと思います」と、**あえてAさんの名前を出し、「Aさんの意見を引用させてもらった」ということを全員の前で示すことが大切です。**

要は、無理やり自分の「手柄」にしてしまわずに、正しくAさんの「手柄」にするということ。

これにより、Ａさんにとってあなたは「味方」「同士」「意見を共有できる仲間」という存在になりますし、引用されたこともシンプルにうれしいと感じるはずです。

何より、その提案が「Ａさんから発意されたもの」であるという事実が、そこで参加者全員に共有されることになり、その後の議論が正しく進められます。

これは文脈力にも通じるもので、長時間にわたる会議を侃々諤々《かんかんがくがく》とやっていると、その話の発端がどこにあったかわからなくなるときがあります。そうした混乱の中で、「起点はＡさんである」ことをきちんと整理して押さえられている人は、文脈を正しく読み取る力も備わっている人といえます。

名前をあえて出すという行為は、相手との心理的な距離を近づける効果もあります。これは「ネームコーリング」と呼ばれるコミュニケーション法のひとつとして認知されており、**人は自分の名前を呼んでもらうと、その相手に親近感をもつと考えられています。**

名前とはその人のアイデンティティと密接なつながりがあるのです。

#026

素直

相手の話は先入観を捨てて心を空っぽにして聞く

☑ **偏見はときに相手の言わんとする意味を正反対に変えてしまう**

「人の話は素直に聞きましょう」などと言われたら、「何を当たり前のことを」と思うのではないでしょうか。しかし、人は先入観で生きています。これまでの体験がその人の思想や偏見となり、その枠から外れて考えることは難しいのです。

「こうであるはずだ」と決めつけてしまい、趣旨を取り違え、場合によっては解釈が正反対になってしまうこともあります。

活字世代を生きてきた人が、「ユーチューブ」と聞いた瞬間に嫌悪感を抱き、脊髄反射で「ネットの世界なんて」と否定してしまうのは、正しい選択とはいえません。

素直に話を聞ける人は、ネットを偏見で括《くく》らず、ユーチューブの何がおもしろいのか、どんなことができるのかなど、知識を前向きに吸収するのです。

経営の神様・松下幸之助氏は、「素直の初段」という言葉を著書に記しました。すなわち、素直な心でものを見れば本当の姿がわかるが、囚《とら》われた心で見ると白も黒く見えてしまう、虚心坦懐《きょしんたんかい》に見る心を養えば、人はようやく素直の初段に到達するというのです。

現象学を提唱した哲学者のエトムント・フッサールも、人は偏見や「先入見」に汚染されている生き物で、それらを取り除く訓練（エポケー）の必要性を説いています。多様性が重視される今こそ、相手の話は心を空っぽにして聞くことが大切です。

#027

語彙力

相手の言葉を自分の言葉に言い換える

☑ **理解できていないと言い換えもできない**

人が話していることや、目の前にある文章を、別の表現に置き換える作業のことを、ここでは「言い換え力」と呼びたいと思います。「言い換え力」は、物事を理解できているかどうか判断する重要な指標です。

相手の話を言い換えられるということは、その話を自分のものにできているということ。すなわち理解できているということです。

『「東大国語」入試問題で鍛える！ 齋藤孝の読むチカラ』（宝島社）という、東大の国語の入試問題だけの解説をする本を書いたことがあります。東大の国語の問題というのは、例文のどこかに傍線が引いてあり、それをわかりやすく説明させるというものがほとんどです。これはまさしく、「言い換え力」を求めるもので、文章の意味が理解できているかどうかを試しているわけです。

面接官などが「これを自分の言葉で表現してみてください」と言ってきたとしたら、それはあなたがその概念をきちんと理解できているかをたしかめているのです。

たまに「自分の言葉で」と言われて、思いついたことだけを話してしまう人もいますが、**言い換えとは、もとの言葉や文章を「ニアリーイコール（≒）」すなわち「おおよそ同じ」といえる表現に置き換えるという作業です。**そこを誤解しないようにしましょう。

言い換え力を磨くには、たとえばお題となる文章を読み、その文章からキーワードを3つほど拾い出し、その3つを使って自分の文章で書き換えてみる練習をしてみましょう。

選んだワードをつなぐには文脈力が求められますし、何より**ワードを選ぶ理解力が必要です。**つまり、言い換え上手な人は語彙力もある人なのです。

#028

置き換え

ひとつの具体例を挙げて説明をし尽くす

☑「要するに」のあとの一文ですべてを説明する

頭のいい人は説明も上手だといわれますが、その理由として、物事を的確で具体的な例を用いて説明し尽くす力があることが挙げられます。つまり、要約する力があるのです。

抽象的で一般化しづらいような概念は、資料をつくったり図版をつくったりして、時間をかけて説明するよりも、**身近でわかりやすいひとつの言葉に要約し、置き換えて説明したほうが、はるかにわかりやすいことがあります。**

「中央銀行の量的金融緩和」について説明をするのに、「えーと、まず景気や物価を下支えするためにマネタリーベースを増やしてだね、さらに……」と説明を続けるより、「ひとことで言えば、お札をたくさん刷って市中のお金を増やすということだよ」と言ったほうがピンとくる人は多いでしょう。

この「**ひとことで言うと**」**あるいは**「**要するに**」**などの副詞のあとに、本質をズバリと突く文章やワードが選べるか**ということです。

お笑い芸人さんが、ファンから「どうしたらあんなネタが思いつくのですか？」と聞かれたとき、自分の生い立ちから話し始めたり、一般論を話したりしても、相手にはなかなか真意が伝わらず、聞いていても飽きてしまうでしょう。

「**ひとことで言えば自分の体験談ですよ**」**と言えば、実際に体験してきた印象的な話を、上手にアレンジしながらつくっていることが要約されて伝わります。**

多くの場合、会話であればこの要約は5秒程度、場合によっては3秒から1秒ですませることができます。「そんな無茶な」と思うかもしれませんが、実際、テレビの生放送などでは司会者が、1秒、2秒の単位で言葉を選択し使っています。バラバラだった情報を1本の糸につないでいるのです。

#029

評価する

他人の「苦労」と「工夫」に着眼する

☑ 自分以外の誰かを評価する力

頭のいい人は、自分以外の誰かを的確に評価できるため、必然的にリーダーの資質も備わります。

実際にリーダーになるかどうかは、性格やほかのメンバーとの関係性もあるわけですが、少なくとも本質的な素養はあると考えていいでしょう。

ここでいう「的確な評価」が何かというと、その**メンバーが何に苦労して、何をどう工夫したかを察する力があるということです。**

私も、学生が提出したレポートを読む際には、そのレポートを仕上げるためにどこを苦労したのかを、意識して探しながら読むようにしています。そして、その苦労したポイントを「大変だったね」と評価するのです。

実際、人生とは苦労と工夫の連続でできているようなもので、勉強でもスポーツでも遊びでも、人はどこかでこれを繰り返しているものです。言い換えれば、**「苦労」と「工夫」を聞けば、その人が何をしたか、だいたいわかるということです。**

野球の投手がピッチング練習をするときも、「コントロールが定まらない」という「苦労」に対し、「体重移動を変えてみる」「リリースポイントを遅らせる」などの「工夫」をし、その過程をコーチが理解・評価することで関係性が深まるのです。

また、苦労や工夫のポイントを理解すると、**された側は「工夫は大切なことなんだな」と悟り、「もっとしなければ」と考えるようになります。**

少し極端な例ですが、ある指導者が教室にいる生徒たちに課題を与え、全員に対して数分おきに「どこに苦労している？」「どう工夫した？」と聞いていき、それに逐一答えさせるというトレーニングをしたら、その教室の意識は飛躍的に高まり、課題に対する成果も大きく向上することでしょう。

#030

グラフ化

変化の内容を数値で確認して現状を見定める

どう変化して今の合計値に至ったのか

人の成長や物事を見るときに、全体量だけを見るのではなく、細かく区切ってどう変化してきたかを見定めることが重要です。

これまで3曲をリリースしているアーティストがいるとします。この3曲のダウンロード数の合計が100万と聞くと「すごい！」と感じます。ところが、細かく見ていくと、1曲目が70万で、2曲目に20万と大きく落ち込み、3曲目がその半分ということであれば、数字の評価は若干変わってくるはずです。

将来のホームラン王を嘱望されて入団したルーキーが、3年目を終えて計30本の本塁打を記録した場合、「高卒入団でこの数字なら悪くない」と評価するのか、内訳が毎年10本前後で計30本なので、「成長率がゼロに近い」という分析もあり得るでしょう。このように、**総量ではなく、変化率で見ることも、ときには大事なのです。**

親や教師が子どもの成長を見守るときにも変化の本質に着目する必要があります。同年代の子どもと比べて、ある作業がうまくできないという場合でも、**それが数値化できるものであれば、グラフや表にして細かく見てみます。**すると「この時期は停滞していたが、ここで飛躍的に伸び始め、今もそれが続いている」などという事実がわかり、これからの数年間はさらに成長が期待できるという展望が導き出せます。

科学の世界では「シンギュラリティ（技術的特異点）」といって、これまで連続してきたグラフの線が、あるときを境に急激に跳ね上がるようなことが多々あります。**足し算ではなく、掛け算で増える、すなわち「指数関数的」な変化や拡大です。**

どう変化してその合計値に到達したのか、その変化の質を見落とすと、真実を見誤ることがあるのです。

#031

崩す

用意した「自分の答え」に誘導尋問をしない

☑ 会話の「冤罪《えんざい》事件」を起こさない

88ページで「要するに」などのあとの一文ですべてを説明するという方法をご紹介したわけですが、それは、**用意した自分の答えに強引に導くということではありません。**

「君の言いたいことはこういうことでしょ」と決めてかかり、相手が困惑しているのに、「この話は終わり」と閉じてしまったら、その場はあなたが「勝利」したように見えますが、実際は誤った認識のまま議論が終わっただけで、それで得する人は誰もいません。

取り調べで「おまえがやったに決まっている」と誘導尋問して犯人と決めつけ、そのまま捜査が終了になってしまうのと同じです。日常会話であれば、新しいアイデアが生まれる可能性を消してしまったことになり、検察捜査であれば冤罪《えんざい》事件です。

本来、**人の話を聞くという行為は、自分では思いつかないフレッシュなアイデアと出合うのが目的です。**用意した答えを相手に言わせるために質問をしている人は、その人を道具として利用しているだけなのです。当然、言わされた人はいい気持ちがしませんし、可能性を探ろうとしないあなたに不信感を抱くでしょう。

むしろ、**答えが決まりきっているようなテーマこそ、勇気をもって崩していくことで、新しい発想が生まれます。**「青い色が好き」と言う男の子が、「だって男の色だから」と言っているとき、「どうして男の色だと思ったのかな？」と、あえて「崩す」質問をしてあげることで、その子は色に対する新しい発想に触れることになります。

会話とは、**相手に対する「触発」と、自分が相手から触発される「被触発」を行き来する柔軟性が必要で、この往復により新しい気づきや発想も生まれてきます。**

#032

サイクル

「なぜ」を繰り返し根源的な答えを探る

☑「仮説」と「実験」と「観察」で答えは導き出せる

仕事や私生活でトラブルが発生したとき、解決するためには「なぜそうなったのか」という仮説を立てることからすべて始まります。

問題と直面したら、**まずは「なぜなのか」と仮説を立て、たしかめるための「実験」をし、得られた結果を「観察」します。**それで答えが出なければ、繰り返し「仮説」を立てていきながら、「実験」と「観察」を繰り返すことで、答えは見つかるかもしれません。

これは科学的な思考の最も原則的なところで、文科省が作成する指導資料にも、科学的な思考を育てるうえでの「観察」と「実験」の必要性がうたわれています。

学校教育で「科学」というと、理科や化学が頭に浮かびますが、文系の分野においても同じように応用できます。

コンビニの売り上げが思わしくない場合、「なぜ売れないのか」という仮説を立てます。商品の置き場所が悪いのか、接客が悪いのか、立地が悪いのか、店の前の人の流れが悪いのか。繰り返し仮説を立てながら、置き場所を変えたり、接客態度を改善したりと、「実験」をしてその結果を「観察」します。

できる限りの「仮説」と「実験」「観察」を繰り返すことで、売り上げにつながるヒントは見つかるはずです。

このように、私たちは**社会において、この科学的思考法をいろいろな場面で活用しています**。コンビニの例などもそれに該当しますが、アンケートをとって（実験）、得られた結果を検証し（観察）、予測を立てて企画に応用する（仮説）なども、それに当てはまります。

頭のいい人は、科学的思考で客観性をもって答えを導き出せる人なのです。

#033

気づき

「へぇ～！」と思ったことをクイズにして出題する

☑ **心が動く瞬間を大切に思う**

身の回りで起こった印象的な出来事をクイズにして出題すると、お互いの「知」が活性化されます。内容のあるクイズであれば、答えを聞いた相手は「へぇ～！」と触発されるでしょう。心が動く瞬間というのは生きていくうえで大切なものです。**人は感情が揺さぶられたときに知性の高ぶりが刺激され、ものを覚えようとします。**

そして、頭のいい人は、おもしろいことを見つけてくる作業も得意です。たとえば、アフリカでは水源の乏しい国や地域が多く、半日かけて水くみをする子どもたちは学校へも行けません。ところが、容器にある工夫をしたところ、運搬に要する時間が飛躍的に短縮されたというのです。これを「どんな工夫をしたと思う？」と聞くわけです。

答えは、「転がせる容器にした」というもの。シリンダー（円筒）型の容器をつくり、それを転がして運搬するという方法です。子どもや女性でもたくさんの水が運べます。

この話は、デザインシンキング（デザイン思考）にもとづくイノベーション（新しい捉え方）の事例として有名ですが、知らない人なら答えを聞いて、必ず心を動かすでしょう。

このように、**クイズのお題にするには「逆転の発想」や「現実を変えた出来事」など、ドラマ性のある題材を選ぶのがよいでしょう。**雑学王を競うのが目的ではありませんから、クイズのためのクイズのようにしないのがポイントです。

これを繰り返しているうちに、世の中に散らばるさまざまな「苦労」や「工夫」を知ることになるでしょう。「人生は苦労と工夫の繰り返し」と先に述べましたが、**クイズをつくったり出してもらったりするだけで、感動を伴ういろいろな「気づき」に出合えるのです。**

#034

心地よさ

スイッチ・オンの状態にするために一流と交わる

☑ ヒトの遺伝子はほとんどが眠っている

意外に知られていないことですが、私たち人間の遺伝子は、ほとんどが眠った状態にあるといいます。

以前、分子生物学者で筑波大学名誉教授であり、『スイッチ・オンの生き方』（致知出版社）の著者でもある村上和雄先生との対談の際に、**人の遺伝子にはONとOFFの仕組みがあり、ほとんどの遺伝子は実は眠っている状態にある**と聞きました。したがって、いい遺伝子をONにして、悪い遺伝子をOFFにすることで、人間の可能性は飛躍的な向上が期待できるということなのです。

1996年7月､クローン羊のドリーは、細胞の遺伝子を飢餓状態にすることによってＯＦＦになっていた遺伝子をＯＮにさせ、誕生しました。

私たちも、厳密な意味での遺伝子レベルではないにせよ、**どこかで頭の働きや心の動きにスイッチが入る瞬間があるものです。**

とはいえ、自分の遺伝子を飢餓状態にすることはできません。その代わりに「一流の人と交わる」ことで、頭や心をＯＮにできるのです。

好きなアーティストの曲を自室で聴くのも悪くないですが、たまにはチケットを買ってコンサート会場に行ってみましょう。**一流アーティストのライブ会場は、心を湧き立たせてＯＮ状態にするにはうってつけの場です。**

ある学生は、興味がなかったという抽象画を観に行ったところ、雷に打たれたような衝撃を覚え、完全にハマってしまいました。まさにＯＮにさせられたわけで、一流にはそういう力があります。実際、ＯＮ状態にあるときの不思議な心地よさは、何ものにも代えがたいものがあるのです。

#035

見抜く

アドバイスをし合って互いを高める

☑具体的かつ本質的なポイントをひとつに絞る

アドバイスという行為は、上から目線で偉そうに訓示をたれるということではありません。友達がテニスをしているなら、プレーに何が欠けているのか、どこが優れているのか、上達するには何をしたらいいのか、そこを見抜いてわかりやすく説明するということです。

頭がいいといわれる人は、概してコーチングも上手です。

アドバイスをすると責任も生まれるため、互いの関係性の密度とテーマへの真剣度は増していきます。もちろん、される側も同じです。2人でお題を決めて行ってもいいですし、3～4人でチームを組んでみるのもいいでしょう。その際、**アドバイスは具体的かつ本質的にするのが重要です。**たとえば格闘技で後ろ回し蹴りがうまくできないと悩んでいる人に、「気合を入れて」ではアドバイスになっていません。

強い体幹とバランスが必要なのは当然ですが、「体を回そうとせず、頭を先に回す意識で、そこから力を下半身に伝えていくイメージ」とアドバイスをされると、急に回るのが上手になったという人がいます。このように、具体的で本質的なポイントをひとつに絞ることが大事です。一度に3つも4つも伝えようとしても混乱が増すだけです。ひとつ目がクリアできたら次のアドバイスへと移行していきましょう。

また、**される側に回ったときに大切なのは、とりあえず実践してみることです。**特に、経験値の高い人からのアドバイスは、騙《だま》されたと思ってやってみるようにしましょう。実際は、アドバイスを受けてもやらない人が世の中にはけっこう多いのです。やってみてダメだったら引き返せばいいだけです。しかし、結果がよければその後の人生が変わる可能性もあるのです。

#036

絞る

相手に必要な情報に特化して説明する

☑ **必要ない情報は省き、選択肢は絞り込む**

相手に何かを説明するとき、すべてを順序立てて話すのではなく、その人が必要としている**必須情報に範囲を特化して説明するということが大切です。**

その際、「資料にはAからJまで10挙がっていますが、現実的にはAとDとFから選ぶしかないという状況です」と絞り込んで伝えてあげれば、会議の参加者はその部分だけ見て考えればいいことになります。

その点において、実に優れた人物が、私の知り合いにいます。彼は必要な情報を時系列にして全体像をメールで報告してくれるうえに、「ついては対処方法は3つに絞られます。Ａのこれ、Ｂのこれ、Ｃのこれです」と絞り込んでくれます。

それだけでも助かるのに、「ついてはＡの場合に考えられるメリットはこれ、一方でリスクはこれ、そしてＢは……」という、３つの選択肢の先の想定まで書いてくれるのです。実際、この**マイナス面を伝えるというのは、誤解やトラブルを防ぐうえで特に重要です。**

またそのうえで彼は、「私はＢ案が推しです」「参考までにＢについてはこういった応用案が……」という形で、「Ｂ」に補足して「Ｂ」案まで提示してくれることもあります。そこまで整理して説明してくれれば、こちらは最小限のエネルギーで、「じゃ、これにしようか」と納得して決断することができるわけです。

いうなれば、最初は四角く大きかっただけの武骨な情報が、彼によってブラッシュアップされた結果、**角がとれ、必要な部分以外がそぎ落とされ、分解されて３つにきれいに並べられた**ことで、こちらはそれを見比べてすぐに決められるということなのです。

#037

導入

先に全体像を示し問題がどこにあるのか伝える

☑ **道に迷っている人には地図でマクロ（全体像）から**

目先の問題であたふたしている人には、**まずは全体像を示し、問題がその中のどこに位置しているのかを教えてあげると効果的です。**

東京に初めて来て浅草の街で道に迷っている人に、目の前のお蕎麦《そば》屋さんを基点に話をしても、なかなか伝わりません。地図を広げて台東区全体を見せてあげ、浅草寺はここ、あなたはここ、戻るべきホテルはここです。ついてはこの駅を使って……と説明してあげれば、いくら東京に不慣れな人でもわかってくれるはずです。

ドローンで上空から街並み全体を撮影し、徐々に降下して一軒家に近づき、窓から部屋をのぞき込む形で、人物があくびをしているという映像を見せられたら、私たちはその人物が「全体のどこにいるか」を容易に理解することができます。

伝えるときは、前項のように、無駄を省いて必要最小限な点に絞る方法もありますが、このように**俯瞰《ふかん》した全体の構図から先に知ってもらうというやり方もある**のです。

全体から伝えて核心に迫っていく、という伝え方がある一方、逆にドローンが窓から離れて上空に昇り、やがて街全体を見せるという見せ方をすれば、最後までその人物がどこに属しているかがわからない、という別の意味でのいい映像効果を生むことができます。つまり、**ミクロからマクロという伝え方です。**

文章でも同じことで、夏目漱石の『坊っちゃん』は、冒頭は「親譲りの無鉄砲で小供の時から損ばかりしている」という、「坊っちゃん」の一人語りから始まります。

主人公の心の奥のつぶやきという、いわば超ミクロ視点から物語がスタートしているわけで、もし俯瞰的かつ客観的視点で書かれてしまっては、世界観は台なしになるでしょう。どちらの方法をとるにせよ、伝えるときには導入が大事だとわかります。

#038

付加価値

一言加えて相手の理解を深める

☑ **人は「お得感」や「特別感」を求めている**

人と話をしているときなどに、一言つけ加えることで、相手の理解や関心を一気に引き上げられることがあります。これは、**予定調和の会話に付加価値をつけるということで、そのプラスアルファが最終的に人の背中を押している**からです。

テレビの通販番組では、商品の説明をひととおりしたあと、これで終わり……というタイミングで「実は今日は！」「なんとこのお鍋も！」と最後の一押しを仕掛けてきます。聞いている側だって「そろそろ来るぞ」とわかってはいるのですが、それでもこのフォーマットが引き継がれているのは、実際に効果を生んでいるという合理性があるからでしょう。**人は思った以上にお得感や特別感を欲しているものなのです。**

プレゼン会議でも「付加価値の思考」は重要です。そもそも、他社にはないよさをアピールするのがプレゼンの第一義です。「他社と差別化した豪華な付録」を提案し、相手がスペシャル感を覚えてくれれば、その仕事の半分は成功したといえるかもしれません。それには、日頃から自社サービスの特性を深掘りし、「こんな利点も」というお得ポイントを探っておく必要があるでしょう。それは本質の理解という思考にも通じる力です。

招待されて出席した披露宴が終わりに近づき、司会者が締めの言葉を型どおり終えたあと、最後に「なお、本日は天候が大変に荒れてきたようです。こちらに傘の用意がございますので、お申しつけください」とつけ加えてくれたらどうでしょう。

予想もしていなかった温かなワンフレーズが追加されたことで、**油断していた多くの招待客は、心をズドンと射抜かれる**のではないでしょうか。そんな付加価値をつけられるかどうかで、私たちのアウトプットの印象は大きく変わります。

#039

記憶

「取っ手」をつけて思い出しやすくする

内的整理のための「取っ手」

これまでは、「整理術」というと、片付けや断捨離など「外的整理」が中心でした。
しかし、これからますます重要になってくるのは、**いかに頭の中を整理するかという「内的整理」のほうです。**

記憶というものは、興味があるかないか、役立つか役立たないかに関係なく、とりあえず頭の中に蓄積されていくものです。

しかし、それが**関連性をもたないバラバラの知識のままでは、アウトプットに活かすことはできません。**そこで、私がおすすめしているのは、知識をストックするとき、それに「取っ手」をつける方法です。

たとえば、昔『ためしてガッテン』という番組で「体重3キロ以上の哺乳類の排尿時間は体の大きさにかかわらず20秒前後である」ということを知って感動しました。

私はこの話を記憶する際、その知識に「文明化した人間は年齢を重ねるにつれて排尿時間が伸びるという事実はあるが、人間にも野生の記憶が残っている」「体重3キロ以上の哺乳類でも排尿時間は20秒である」という2つの「取っ手」をつけました。

そうすると、いざおもしろい話を求められたとき、「人間よりはるかに膀胱《ぼうこう》が大きなゾウも、人間よりはるかに膀胱が小さなネコも、排尿時間は同じなのです」というように、即座に他人に話すことができたのです。

この、最低でも2つの「取っ手」をつけるというのが非常に大事です。**ひとつは、「実用的で他人に話せる情報」、もうひとつは「ネタとしておもしろい情報」としてストックするのです。**知識をアウトプットする手段は「人に話すこと」が基本です。そのため、情報をストックするときから話すときの文脈を意識しておくと、いざ話すときに便利です。

#040

アイデア

「たとえ」を挙げることで抽象から具体に変える

☑ **理解できていないと会話も抽象的になる**

話をしていて「たとえば？」と聞かれたときに、即座に具体的な例を挙げられる人は頭のいい人です。**ある事象を別のワードでたとえる力というのはとても大事です。**

「日本ってこの分野の理解がとても遅れているけど、海外ではさぁ」と言う人に、「海外って、たとえばどこ？」と聞いてみて、具体的な国名や地域が出てこないようでは、実はその問題を深くは理解できていないということになります。

ある会社がコピーライターの入社に際し、「あなたの好きな（嫌いな）コピーを10個（もしくは20個ほど）挙げてください」という試験問題を出したという話を聞いたことがあります。クリエイティブな職業の採用試験ですので、普段からどんな文化や芸術に触れているかが、採用するうえでの重要なポイントとなります。

入社試験を受けに来るくらいですから、コピーを書くのが好きなのはわかっていますので、**「具体的にどんなコピーをいい（悪い）と捉えているのか」**を、**「たとえ」として挙げてもらうこと**で、その人がどんなセンスの持ち主であるかを推し量ろうというわけです。しかも、ひとつや2つでは少なすぎます。10や20の具体例をパッと出せないようでは、普段から世の中のコピーにあまり触れておらず、ひいてはコピーライターとして勉強不足ということにもなります。見事な問題だと思います。

これは、一般の企業や団体などでも応用することができるでしょう。「これまで感銘を受けた本をいくつか挙げてください」というお題に対して、返ってきたリストを見れば、その人がどんなレベルで読書をしてきたかがおおよそわかります。

本をまったく読んでいない人であれば、おそらく一冊も名前が出てこないのではないでしょうか。また、読んでいたとしても、たとえばサブカルチャー的な本しか知らないというようなことになると、「この人は軽い読書しかできない人」と判断されてしまうでしょう。

この判定方法については、私は「ベスト3方式」というのをおすすめしています。たとえば、ユーチューブに精通している人に、「好きなコンテンツを3つ」とお願いし、興味深いコンテンツを瞬時に3つ答えられる人は、「ユーチューブ偏差値」が高い人といえるでしょう。ひとつも答えられないという人は、普段から頭の中で情報が整理されていない人です。そういう人は、概して話すことも一般論に偏りがちで、具体的な説明が苦手です。頭のいい人は**考えが常に具体的で、会議でも「こんな案はどうでしょう」と「たとえ」を提案できます**から、それをたたき台にして会議もスムーズに進みます。

「たとえ」とは「具体的」なもの、すなわち「アイデア」ということなのです。

第3章

頭をよくする本を読むときの思考習慣

#041

想像力

読書は知を鍛える最適な手段

☑ **ジョブズがむさぼり読んだ「禅」の本**

知性を鍛える方法として、最も大切で効率がいいのが読書です。**湯川秀樹をはじめとして、科学者の多くは幼い頃から推理小説や古典などの、サイエンス系ではない本も読みながら、心を豊かに育ててきました。**科学者が新たな研究に踏み出すときに必要なのは、ひとつには想像力。そうした科学に不可欠な力を読書は育ててくれます。

また、スティーブ・ジョブズ氏が、禅僧である鈴木俊隆《しゅんりゅう》氏の著書をむさぼるように読んだ話は有名です。禅の精神性はアップル社のデザイン哲学に強い影響を与えました。そこには「文系と理系」といった単純な線引きは存在しません。

動画や音楽でわかりやすく伝えてくれるユーチューブは、私も好きで見ることがあります。しかし、**流れるものを受け止めるだけの思考に終始していると、読書のような能動的に想像を働かせる力が劣化していくおそれもあります。**

また、読書はそのやり方によって、脳全体を満遍なく鍛えてくれます。ヒトの脳というのは、「思考系」や「記憶系」「伝達系」「視覚系」など、役割によっていくつかのエリアに分かれており、どの部分を鍛えるかは、どんな本をどう読むかで決まってきます。

たとえば、作者の意図や気持ちを知ろうと意識して読むと、理解系が働いて発想が生まれやすくなりますし、気持ちを乗せて小説に触れると、感情系が揺さぶられて認知症予防につながるといいます。また、音読すると運動系が刺激され、さらには本をいったん閉じて思い出す行為を繰り返すと、長期記憶が鍛えられるそうです。

読書は私たちの知的水準を上げてくれるだけでなく、**時間的かつ空間的な視野を広げ、心を豊かにしてくれるのです。**

#042

構造理解

本は目次を徹底的に活用して選ぶ

☑ 優れた本は目次もおもしろい

頭がいいといわれる人は、友人との会話や職場の会議などで、流れの全体の構造と大事なポイントを素早く把握する力に長《た》けています。会話や会議だけでなく、書店で本を選ぶときも同様で、無駄なく短時間でその本の内容、すなわち全体の構造を知る術《すべ》を知っています。それは**目次を活用するという方法です。**

目次は、その本の内容が見出しで要約して示され、章ごとに分けて並んでいるため、その本に何がどんな順番で書かれているかが一目でわかります。実は、**目次だけで内容がわかる本というのが、いちばんいい本ということでもあるのです。**

ニッコロ・マキャヴェッリの『君主論』などは目次が秀逸で、それを見るだけで内容のおもしろさが伝わってきます。ユヴァル・ノア・ハラリ氏の『サピエンス全史』なども、目次を読んでいるだけで頭がよくなっていくのがわかります。

目次は、読む順番を決めるうえでも活用できます。**目次に目を通したら、順序を無視して好きなところから読んでいいのです。**小説はともかく、ビジネス書やハウツー本などは、興味がない部分は目次を見た時点で「ここは切り捨てよう」と判断できるのです。小説がカオス（混沌《こんとん》）であれば、新書はいわばコスモス（秩序）です。このコスモスに属する書物であれば、ここでいう「目次活用法」が使えるのです。

本というのは、内容を象徴するタイトルがいちばんに目に入り、次にそれを補足するキャッチコピーなどが帯に記されています。そして、筆者自身がその本で伝えたいことがまとめられた「まえがき」に続いて目次が現れます。したがって、ここまで読むだけで、本の構造はおおむね理解できるわけです。書店にいられる時間が30分なら、優に5～6冊の本をチェックでき、買いたい一冊をセレクトできるのです。

#043

世界観

難しい本は「わからなさ」を楽しむ

☑ わからなくてもパニックになる必要はない

難しく、わかりにくい本に出合うと、人はある種のパニックを起こし、その本から逃げようという気持ちになりがちです。「わからない」には、①単純に知識が不足しているから、②内容が奥深かったり表現が抽象的だったりするために世界観がつかめない、③筆者の文章や説明が単に下手だからという場合があります。

専門書を読むには最低限の知識を覚えておくしかありませんし、筆者の文章が下手ならあきらめるしかありませんが、ここで特にお伝えしたいのは、②の「わからない」との向き合い方です。こういうとき、**「わからなさ」を楽しむくらいの気持ちが大事**

です。

宮沢賢治の作品は、現代のビジネス書のように、一読して意味が伝わる表現ではありませんが、あの空気観が彼の文学の最大の魅力です。童話『やまなし』に出てくる「クラムボン」の正体は最後まで説明されていませんし、『グスコーブドリの伝記』も現実に存在しない国が舞台であり、読む側は激しく想像を掻《か》き立てられ、どこか夢心地になります。ガルシア・マルケスの『百年の孤独』も、蜃気楼《しんきろう》の村を舞台に、捉えようのない世界が展開され、心が霧の中に包まれたような感覚すら覚えます。そしてそれを、私たちは「わからない」にもかかわらず、心地いいと感じることができるのです。どちらも、**作者が紡ぐ世界観に、身を委ねるような体験といえます。難しくわかりにくい本は、それを楽しめばいいということを知っておきましょう。**

ちなみに、読んだ本と自分の世界観が、必ず同じになるというわけではありません。文章に無理に同調する必要はありません。わからない、難しすぎると感じる部分を無理にわかった気にならず、わからなさを受け入れるのもひとつの読書法です。

#044

心当たり

本の内容を伝えるときは自分のエピソードを重ねる

☑「心当たり」を気にして読むクセをつける

「本を読むのは好きだけど、人に伝えるのが苦手で……」という人におすすめしたいのが、**自分の体験を重ねながら説明するというやり方です。**文章を引用しつつ、そこに自分のエピソードをひとつ重ねてみるのです。

大学で学生に「論語の言葉の中から任意でひとつ選び、意味を説明してください」と言うと、なかなかうまくできない人もいるのですが、「自分のエピソードをつけて」と言うと、なぜかできてしまうのです。たとえば、「知らないことは正直に知らないとする、それが真に『知る』ということだ」という意味の言葉があるのですが、自分も知ったかぶりをして尖《とが》っていた時期があったという話をつけ加え、「実は私も……」と説明をしてみるわけです。

その言葉を選んだ時点で、心に引っかかるものがあった可能性もありますから、その「心当たり」を思い出しながら読むクセを、普段からつけておくのです。

この「**エピソード読み**」**は、過去の自分を掘り起こす作業です。**アウトプットを前提にしているので記憶の定着も助けますし、自分の話として説明できたということは、内容を「自分のもの」にできたことにもなります。面接のときに、座右の銘について聞かれたとき、ただ言葉を挙げるのではなく、自分の体験を重ねて説明できれば、面接官は「この人は言葉を自分のものにできている」と評価するでしょう。

ちなみに、**自分の体験や考え方に近い本を読むと、人の脳は感情をつかさどる部分がより刺激されるといいます。**『論語』を読んで、「あ、これは自分のことだ」と共感できれば、『論語』の世界観に容易に入り込んでいけるはずです。

つまり、「自分に近い本」を選んで読むと、心は動かされ、物語の世界にも身を委ねられます。

#045

はめ込む

「もしも自分だったら？」と考える

☑ マーロウよりかっこいいセリフが言えるかどうか

登場人物の心に残る言葉に出合ったとき、**「自分だったら何て言うかな……」と大マジメに考えながら読むのも楽しい作業です。**

フィリップ・マーロウといえば、ハードボイルド小説に登場する私立探偵ですが、彼は女性から「あなたのように強い人が、なぜそんなに優しくなれるの？」と聞かれ、「タフでなければ生きていけない。優しくなければ生きている資格がない」と答えます。

これを超えたセリフを誰が思いつけるでしょうか。マーロウの語る部分を手で隠しながら、「自分なら……」とやってみると、当たり前のことですが、彼以上の名言はなかなか出てきません。ここからわかることは、すなわち作品のすごさであり、作家の卓越した言葉選びの感覚です。

漫画でも同じです。バスケを題材にした『SLAM DUNK（スラムダンク）』は、安西先生の名言が多いことで有名ですが、たとえば先生の吹き出し部分を空白にしてみて、大喜利《おおぎり》のように「自分なら……」と言葉をはめ込んでみるのです。そのとき、「あきらめたら、そこで試合終了ですよ」に匹敵する言葉が出てくるでしょうか。試合前の桜木花道に対し、「おや、もともと君に怖いものなどあったのかね？」という絶妙なパスを投げ、一瞬で緊張をほぐしてあげることができるかどうか。

優れた作品は、登場人物の言葉が「キレッキレ」です。その切れ味のすごさを当たり前として流さず、読むのをいったん中断して、心の中に染み込ませるのです。

ちなみに、44ページで「声に出してみる」ことの効用について触れましたが、**セリフの部分もあえて声に出してみると、言葉への理解がまた変わったものになるはずです。**登場人物の言葉には、その物語のエッセンスが凝縮されているものです。

#046

自信

同じジャンルならレベルの高い本から先に読む

☑ **かみ砕いた本ばかりでは咀嚼力《そしゃくりょく》が弱まる**

本を選ぶとき、とにかくわかりやすい本から手をつける人は多いと思います。就職してあらためて経済や金融を知るため、「これだけでわかる！〇〇入門」といった構成の本であれば、勉強も抵抗なく始められるでしょう。

そのやり方を全否定するわけではないのですが、**あえてレベルの高い本から読んでみるという方法もある**ことを知っておきましょう。読書という行為は、ユーチューブのような受動的な行為と違い、自分から知識をつかみにいくという意味で能動的です。当然、集中力が求められます。ハードルを下げて、かみ砕いた本に飛びつきたい気持ちはわかります。

しかし、**かみ砕かれた本ばかりに触れていると、自分で咀嚼《そしゃく》する力が劣化し、集中力も衰えていきます。**優れた料理は食感もおいしさのひとつですが、飲み込みやすく、ひたすら軟らかくされてしまったら、咀嚼する力がなくなっていくうえ、本来のおいしさも味わえません。

むしろ、レベルが高く難しい本に、無理にでも自分をぶつけてみることです。わからないところは頑張ってネットで調べ、本書でご紹介している3色ボールペン法や、相関図の書き出しなども駆使し、**ヘトヘトになりながらでも一冊を読み切ると、自分でも驚くほどに集中力が増し、何よりも大きな自信がついているはずです。**

そこではじめて初心者向けの本を開いてみると、「なんてわかりやすいんだ」とスラスラ読むことができ、難易度の高い本の復習効果として、知識の定着はよりたしかなものになるでしょう。芸術に対しても同じことで、ポップなサブカルチャーばかりに偏らず、古典やクラシックにも接してみましょう。要は「本物」にどんどん触れてみるということです。

#047

書き出す

他人が読みたくなるようなポップ（POP）をつくってみる

☑ 学校教育にも採用されているポップづくり

本を読むのが好きな人でも、「読書感想文を書いてください」と言われたら、気が重くなる人は多いのではないでしょうか。そういう人におすすめしたいのが、**書店で見かける「ポップ（POP）」をつくってみるという方法です。**ポップづくりの名人の書店員さんが書いた一枚で本が爆発的に売れることもあります。

最近の小中学校では、図書館で読んだ本の紹介カードをつくる「ポップづくり」が授業にも取り入れられており、さらに全国規模で「ポップコンテスト」も催されています。私たちも子どもたちに倣《なら》い、読んだ本をポップにしてまとめてみるわけです。

感想文より簡単と感じるかもしれませんが、短いコピーやキャプションなどで、本の内容を一枚のポップに収めるのは意外に難しい作業です。

その本を「読みたい！」という気にさせるにはどうしたらいいでしょうか。また、書店の側に立って考えた場合、どうしたらお客さんに財布を開いてまで買いたいと思ってもらえるのでしょうか。

「とにかくおもしろいので読んで」では伝わりません。**「その本がもつ特徴的な魅力を具体的にどう伝えるのか」を突き詰めていく**と、伝えるべきターゲットがどんな層で、読むとどう変われるか、どんなメリットがあるかなど表現すべきポイントが見えてきます。

そこまでいけば、あとは思いつくコピーやワードを、いい悪いに関係なく、片っ端から書き出していきます。

やってみるとわかりますが、**いまひとつと思えるワードでも、それが刺激になって別のワードが生まれたりする**ため、一度思いつき始めると10や20はどんどん出てきます。それをあとから絞り込むわけです。

#048

気持ち

できるだけ感情を乗せて読む

☑ **インプットと心の動きにはつながりがある**

情報のインプットと感情はつながりがあり、アクティブなときほど記憶は深まります。第1章で、ニュースを観るときに「すごい！」「大変だ！」と大げさに気持ちを乗せてインプットする方法を紹介しました。読書においても、**感情を揺り動かしながら読むことで、インプットがたしかなものになり、小説であればより深くその世界観を感じ取れるのです。**

発酵学者で農学博士である小泉武夫先生は、「発酵」に関する数多くの著書を出されていて、私もかなりハマった時期がありました。そういうときも、「微生物の分解って何てすごいんだ！」「発酵ワンダフル！」と心で絶叫しながら読んだものです。動物行動学に関する本を読むときであれば、「南極の皇帝ペンギンが繁殖で移動する距離は200㎞だって？」「マイナス40度、寒すぎ！」という具合です。

芥川賞を受賞された又吉直樹さんと対談させてもらったことがあるのですが、受賞作の小説『火花』は、夏祭りに響き渡る和太鼓の音の描写から始まります。「おぉ……、太鼓の音が大地を震わせるようだ！」と、気持ちを乗せてみるといいでしょう。

実際、**感情を乗せやすいという意味では、実用書より小説のほうが向いています。**財務諸表を学ぶ実用書を読みながら、「なるほど！　損益計算書には5種類の利益が記されているのか！」と気持ちを乗せるのは大変ですが、谷崎潤一郎の小説『春琴抄』を読みながら、丁稚《でっち》の佐助になりきって涙を流すのはたやすいことでしょう。

どんな本でも「情報」として淡々と読むだけでは、思考を深めることができません。**著者は読書に頭と心の両方が必要であることを知っているため、感情を揺り動かす術《すべ》にも長《た》けているのです。**

#049

立ち位置

「ツッコミ」を入れながら読んでみる

☑ **哲学者や文豪に対して遠慮なくツッコミを入れる**

お笑い芸人が漫才でやっているように、いわゆる「ツッコミ」をしながらの読書法などといったら、みなさん、びっくりするでしょうか。実はこれがなかなか有効なのです。

読書というのは行為それ自体が単調になりがちであるため、マンネリ化しがちです。**声に出してツッコミを入れながら読むことは、いわば脱マンネリ読書のひとつの方法です。**文章に対して、「そんなわけないでしょ」と言いながら読み進めるのです。

ニーチェの死後に発表された自伝『この人を見よ』には、彼の思考の到達点が描かれているという評価がある一方、「自分をすごいと言いすぎ」「決めつけがすごい」などという感想をもつ人もいます。ちなみにタイトルの「この人」とは自分自身を指しています。

実際、ニーチェは非常に含蓄のある名言を多く残し、この本もすばらしい内容であることは疑う余地がありません。実際、私は『座右のニーチェ　突破力が身につく本』（光文社新書）という本も書いています。

とはいえ、偉人というのは天才タイプが多く、今の価値観からすると、極端な思考として映ることもあります。

無理に同調せず、「それ言いすぎでしょ！」とアンチテーゼをぶつけることで、「自分は自分」という思考の立ち位置を確認できるのです。

#050

予測

次の展開を予測しながら小説を読む

☑ **名著は読む側の予測を超えてくる**

マンネリ読書から脱却し、思考をうまく回転させる読み方として、**今読んでいる箇所の次の展開を推理もしくは予測して読む**というやり方があります。

ミステリー小説でいかにも怪しそうな人物が出てきたら、「これはひっかけだな」などと予測するのではないでしょうか。推理小説のような典型例でなくても、たとえば純文学でも歴史小説でも、どんなジャンルでも予測を立てて読むことは同じようにできます。村上春樹さんの小説などは、常にこちらの期待をいい意味で裏切ってくれますので、予測しながら読むことで、最後は豊潤な読後感を味わうことができます。

そもそも、**名著といわれる類いの本は、凡人である私たち読者の予測を、常に上回ってくるものです。**文豪・芥川龍之介が残した『藪の中』は、盗っ人と盗っ人に襲われた武士とその妻、発見者の樵《きこり》らの証言をもとに話が進行し、予測を２度、３度と裏切りながら、最終的に読む側は思考の迷宮に引きずり込まれます。

黒澤明監督がこれを題材に映画化（『羅生門《らしょうもん》』）し、ヴェネツィア国際映画祭で金獅子賞を受賞して反響を呼びました。国内外の多くの人が、特異な世界観に引きずり込まれるという体験をしたことでしょう。

同じ作家の作品を繰り返し読んでいると、文脈のクセが読めるようになり、予測を的中させる率も高まるはずです。とはいえ、ここでいう予測は必ずしも当てることが成功というわけではありません。「なるほど！」「気づかなかった！」と心を揺るがし、**読後感にどっぷりとつかりながら、思考を深めていくことが目的です。**

そうするうちに、その作家の心に触れたような気持ちになり、ただ漫然と読むときの何十倍もの喜びが味わえるはずです。

#051

分解

細かく見出しをつけ理解の一助とする

☑ 上手な見出しは読者を引き込む

本の見出しというのは基本的に編集者が考えるものですが、優れた編集者は見出しをつける能力にも優れています。

すばらしい見出しに出合ったときは、思わず「うまい！」と言いたくなります。私は普段から「この見出しはうまいな」「いまいちだな」と思いながら本を読んでいます。すると、著者の気持ちにもなりますし、編集者の気持ちにもなるわけです。上手な見出しは、それを読むだけで大まかな内容がわかるようになっています。そのため、見出しを読むと内容が気になってきます。

実は、見出しというものは古くから存在します。

近代小説の祖といわれるセルバンテスの『ドン・キホーテ』にもすでに章立てがあって、読者はそれを読むだけで、「ああ、こういう冒険をするのだ」と内容に引き込まれてしまう。見出しにはそういう力があるのです。

「ファシリテーター」という言葉があります。これは「会議を進める人」という意味ですが、**物語や話を前に進める力をもっているという意味で、見出しや小見出しもファシリテーターだといえるでしょう。**

実際に本を読むときは、**見出しや小見出しを意識するだけでなく、自分でも読みながらつけてみるといいでしょう。**

たとえば、私はメルロ・ポンティの『知覚の現象学』を読むとき、原著のフランス語と照らし合わせながら、実際にはない小見出しをつけていったのです。すると、長くて難解な文章も理解できるようになりました。

このように、**見出しをつけながら読むやり方は、特に難しい本を読むときに有効で、内容が理解しやすくなります。**

#052

流行

流行りものに触れて新たな発見を得る

☑ **流行《はや》っているときに触れておく**

話題の本や曲は、話題になっているときに読んだり聴いたりしておくのがおすすめです。トマ・ピケティの『21世紀の資本』は、今は読んでいる人は少ないかもしれませんが、英語訳や日本語訳が刊行された2014年には世界的にヒットしました。私は当時、原著を買って読みましたが、その内容に感動しました。

私のように、当時読んでいた人は、今になって「どういう本？」と聞かれても、「あれはね、簡単にいうと、近年では働くよりも資本を預けておくほうが資産が増えるということが、全世界の調査でわかったという話だよ」と答えられるでしょう。しかし、流行した当時に読み逃すと、なかなか今読んでみようとは思いません。

これは流行の曲にもいえることです。たとえば、米津玄師《よねづけんし》さんの『Ｌｅｍｏｎ』も、最近聴き始めたと言ったら、「あのときドラマの主題歌として聴いていれば、もっとよかったんじゃないか」と思う人もいるでしょう。**時代の空気を感じているからこそ、よりよいものとして感じられるわけです。**

なかには「流行しているものは薄っぺらいから嫌いだ。古い作品のほうがいろいろと考えることができて好きだ」と言う人もいます。たしかに、古典など、昔の作品には優れたものがたくさんあります。

しかし、私は**流行には徹底的に飛びつくことをおすすめします。**先ほど述べたように、時代の空気の中で物事を感じられるからです。流行しているものには必ず理由があります。何かいいものがあるはずだと考えて触れてみると、新たな発見があるものです。だからこそ、流行したときに親しんでおくといいでしょう。

また、流行しているものを知っていると、それについて話し合える仲間が増えるので、考えを深めたり、新たな考えに触れたりできるというのも大きなメリットです。

#053

満足感

エッセンスだけ読み読んだ気分になる

☑ **難しければ最も大事だと思われる部分を読む**

難しい本を読むときは、無理して全部読む必要はありません。あえていちばん大事だと思われる部分だけを読むのです。私は、これを「エッセンス読み」と呼んでいます。

たとえば、高級牛を味わうときに、すべての部位を食べるのは大変ですが、最も高級な部位であるシャトーブリアンを食べるだけでも、その牛を味わいつくした気分になれます。

同様に、難しくてなかなか読み進められない本でも、最も重要なところだけ読めば、一冊読んだとは言えないまでも、**著者がいちばん読者に伝えたいと考えていること、**

あるいは小説であれば、ストーリーの肝《きも》に触れられたという満足感を味わうことができるのです。

具体的には、**その本の中でいちばん大事な部分を探してみて、見つかったら、そこに線を引いて読んでみましょう。**概説書がある場合は、大事な部分を探す助けになります。概説書には原著から引用している箇所がたくさんあります。

そのため、まずは概説書を読んでみて、これだというものがあれば原著にあたり、同じ箇所に線を引いてみて、実際に読んでみましょう。それだけでも、原著を一冊読んだ気になってくるはずです。

このエッセンス読みは、ドイツ語やフランス語など**外国語の本でやってみると、より満足感が味わえます。**まず、日本語訳にボールペンで線を引いてみる。次に、同じボールペンで原語の文章に線を引き、読んでみる。それだけでも原著を読んだという満足感を得てうれしくなります。みなさんも、難しい内容でもエッセンス読みを試してみて、さまざまな名著に触れてみてください。

#054

読書体験

書店で目についた本を興味がなくても買ってみる

☑ **無縁だった本に触れて知の枠を広げる**

書店で本を選ぶときは、お気に入りの著者や好きなジャンルが基準になるでしょう。しかし、たまには自分ルールを取っ払い、**気にしたことがなかった本に手を伸ばしてみてください**。あなたの世界観は大きく広がります。

いつも行く書店であれば、普段は行かないコーナーに足を運んでみると、自分とは異なる興味をもつ読者が世に一定数いることが実感できます。なかでも新書や小説なら、関心があろうがなかろうが、何かを与えてくれるかもしれません。

このときの読み方としては、必ずしも熟読する必要はありません。そのままカフェ

に移動し、３色ボールペンでキーワードをチェックしつつ、30分でとばし読みしてしまって大丈夫。それだけでこの「ミッション」はもう完了です。

ちなみに、「パッと見買い」した本が、そのときのあなたにとって〝ハズレ〟だった場合でも、気にする必要はありません。**無縁だった知識に無理にでも触れたその体験は、きっとあなたの頭と心に残ります。**ひょっとしたら、３年後のあなたの思考と結びついて、何かを芽生えさせてくれるかもしれません。ハズレを引いたらそれはそれ。ちょっと変わった読書体験だったと楽しむ余裕をもちたいものです。

#055

相談

知識を広げるために他人のおすすめを読む

☑ すすめられた本はとりあえず読む

他人にすすめられた本は、とりあえず読んでみるとよいでしょう。新たな発見があり、知識も広がります。

私は『SPA!』という雑誌をよく読んでいますが、この雑誌の最後のページに人生相談のコーナーがあります。佐藤優さんが担当しているのですが、このコーナーがすごいのです。佐藤さんは、寄せられた相談に対して、非常に丁寧に、しかも本音で答えています。それだけでもすばらしい人生相談です。しかし、さらにプラスアルファとして、相談に答える中で毎回必ずほかの人の本を紹介しているのです。相談に対して、自分のではない著者の本を交えて答える。これは並大抵の技術ではありません。もちろん、佐藤さん自身の意見やコメントもあって、コーナーはそれがベースとなって構成されています。

しかし、そのうえで、ある本を関連づけて紹介するという文脈を構成する力と読書量の多さには思わずうなってしまいます。相談した側も、その本を読んでまた考えるところがあるはずですから、このような人におすすめされた本は特別なものとなるでしょう。

佐藤さんのように傾聴力があって洞察が鋭い人でなくてもかまいません。おすすめは、**信頼している人に聞くことです**。家族や友人でもよいでしょう。その人のすすめる本なら読んでみようという気になる人に聞くのです。

また、知り合いでなくても、有名な経営者やスポーツ選手など、優れた功績を残している人でもよいでしょう。その場合、仮に読んでみて特別感じるものがなくても、その人がおすすめした理由を考えたりすることで読書の価値が上がります。

#056

知識

図鑑で物事の全体像を手に入れる

☑ビジュアルを記憶に残す学習

118ページでお伝えしたとおり、頭がいい人は「全体の構造と大事なポイントを素早く把握する力」に長《た》けています。小説のような文学作品に触れるときはこの限りではありませんが、**新しい分野の本を読んで知識を取り入れたいというときは、「まず全体像をつかむ」という意識をもって挑むといいでしょう。**

そのときにおすすめなのが、図鑑を読むことです。理解度とは関係なく、とにかく手を動かして、図鑑の最後のページまで目を通してみましょう。図鑑はビジュアルがメインになるため、素早く読んでも「こんな絵があった」と記憶に残りやすいのです。

また、新しい知識を入れるときに、長い文章ばかりを読むと疲れてしまうでしょう。図鑑はその名のとおり「図・写真・絵」を中心に作成されているため、楽しく知識を取り入れることができます。**わかりやすくつくられている図鑑は、その分野の全体像をつかむのにうってつけです。**

図鑑のほかにも、資料集などの副読本を活用するといいでしょう。学校で使用される国語便覧や歴史の資料集は、学習のための基礎知識がふんだんに盛り込まれています。にもかかわらず、1000円を切る値段で手に入れることができます。**資料集は、価値のある知識をお得に手に入れることができる優れた情報源です。**

なぜ教科書ではなく副読本をすすめるかというと、図鑑と同じで「見ておもしろいもの」だからです。学校で使用される資料集は、間違いがないように大勢の一流の学者が丹精込めてつくっています。1分野につき1冊ずつそろえると、それだけで知識人になれるでしょう。

#057

意識

コメントすることを前提に映画を観る

☑ 映画の印象を変える「感想」の力

いまや映画は、映画館に足を運ばずとも、自宅や通勤中の電車の中でも観ることができます。どこでも手軽に観ることができるため、「家事をしながら流し観をする」「やることがないから、何げなく観ている」ということもあるかもしれません。しかし、**映画を観るときは、できるだけコメントをすることを前提に観てみましょう。**すると、何げなく観ているときに比べて、全然違う印象を受けるのです。

コメントをつけることを前提に観ると、いいシーンをピックアップするために、より真剣に映画と向き合います。話の構成や登場人物の心情などに対して、思考をめぐらせながら観ることになるため、ただ観ているときよりも強く作品に入り込むことができます。

また、コメントをするということは、自分が好きなシーンや印象に残っているところを他者に伝えなければなりません。「このシーンが笑えた」「あの演技で、感情が揺さぶられた」など、シーンをピックアップする力を養うことができます。

雑誌に載せるコメントを書くつもりになると、ネタバレに配慮してその映画の魅力を語らなければいけないため、より感想を述べる力や、シーンをピックアップする力をつけることができます。

さらに、人に感想を伝えると、その映画の内容を忘れにくくなります。小説や映画などの娯楽作品に触れることは、教養を磨くために非常に大切なことです。

最近はスマホでも手軽に映画を観ることができますが、**映画館で映画を〝体験する〟という感覚も忘れてはいけません。**スマホとテレビをつなげて大画面で映画を観賞したり、観賞中はドアを閉め、部屋を暗くしたりするなど、映画館にいるような空間をつくって映画を体験すると、より作品に没入することができます。

#058

価値観

クライマックスを音読して作品を体験する

クライマックスに込められた作者の思い

名作というのは、どの作品もクライマックスがすごくいいものになっています。そこには作者の魂が込められているため、それだけ熱のこもった文章になるのでしょう。

また、クライマックスには作者からの重要なメッセージが込められています。クライマックスを読むときは、その文章を大切にして、「このページに、いちばん作者の魂が込められているんだ」と意識しながら読んでみてください。

もちろん読書ですから、はじめは黙読から入るでしょう。しかし、**作者が込めた魂をより実感するために、その文章を「音読」することをおすすめします。**声に出すことで、霊魂を憑依《ひょうい》させて縁者と対話する「イタコ」のように、作者の魂を憑依した、作者のイタコになったような気持ちになります。

すると、とても気分が乗って、よりその文章を深く味わうことができ、作者の魂が込められたページをより強く「体験」することができます。

頭をよくするためには、「教養を高める」ことに加え、「さまざまな体験をする」という習慣が大切です。自分が経験したことは、自分だけの価値観をつくり上げる貴重な材料になります。

また、日常において「新しい体験ができる」という機会はあまり多くないため、**読書をするときも、できるだけ「体験」を意識して作品に触れましょう。**

特に、**作品の終盤、いちばん盛り上がる2ページをピックアップして、音読することをおすすめします。**

あらすじではわからない、クライマックスのように、作者の魂が込められた一文を音読してみることで、より作品を体感することができるでしょう。

#059

心の琴線

特定の作者の本のみ読む「著者月間」をつくる

☑ **読書で変わる生活スタイル**

ここまででも触れたように、小説を読むことは自身の教養を高めるために、とてもいい習慣です。より教養を高める読書の方法として、**1カ月間、集中的に一人の作者、著者の作品に触れる「著者月間」をつくる**ことをおすすめします。

思考習慣の中には、頭の回転を速くするために「速読をする」という手法もありますが、小説などの文学作品を読むときは、あまり速く読んでしまってはもったいないので、一人の作者の文章をじっくり味わうことで、自分の教養を磨いていきましょう。

目安としては、1カ月に10冊程度を読むことができればいいでしょう。毎日、その著者の本を持ち歩いて、移動時間や隙間時間に少しずつ読んでみてください。すると、**精神の中で「日常生活」と「読書生活」という2つの生活の軸が生まれます。**表面に流れる、仕事などの普段の自分の生活の流れとは別に、その水面下で、地下水のように読書の時間の流れができるようになります。

なぜ、著者「月間」なのかというと、**それくらいの時間をかけて読み込むことで、その著者の文章や文体が自身になじむようになるからです。**

また、1カ月間かけて一人の著者の作品を読むと、必ずその著者のあまり有名ではない作品にも触れることになります。すると、有名な作品ではないけれど、自分にとっては心に残る話や、自分の心の琴線に触れるような文章にも出合うことができます。

そうした貴重な文章との出合いが、自分の教養を豊かにしてくれます。そのため、1カ月かけて一人の著者を掘り下げてみるのは、とてもいい習慣になるでしょう。

自分のスケジュールの中で、隙間時間というのは意外と多いものです。「できない」と突っぱねずに、まずは1カ月、著者月間をつくって読書をしてみてください。

#060

認識力

文系の人も理系の本を積極的に読んでみる

☑ **自然科学は驚きと感動に満ちている**

文系の人は自然科学系の本に、なかなか手が伸びないというケースが多いのではないでしょうか。しかし、これは知識を得る機会を放棄しているようなもので、実にもったいない話です。

文系の人が科学の世界に目覚めると、その人がもつ知の世界観ははるかに充実したものになります。

これまで深く触れてこなかった地球科学、生物学などの本を手に取ってみてくださ い。低学年向けの宇宙の本などは、図解でわかりやすく構成されていますので、大人が見ても十分に楽しめ、宇宙の奥深さを感じ取れるはずです。

教育現場でも、**理系の本は子どもたちの探究心を育むのに最適である**として、「理科読運動」の名で全国的に推奨されています。滝川洋二先生の『理科読をはじめよう子どものふしぎ心を育てる12のカギ』（岩波書店）では、運動の取り組みにおける実例や、先生のおすすめ本などが紹介されています。

自然科学の総合研究機関、国立理化学研究所では、２０１７年以来、書籍を通して科学のおもしろさや考え方を広く伝える「科学道１００冊」という事業を毎年更新で展開しています。また公式サイトでは、理学博士や分子生物学博士、宇宙放射線の専門家のおすすめ本が紹介されています。

彼らは理系に縛られず、プラトンの『ソクラテスの弁明』や、『ハリー・ポッター』、フランツ・カフカの『城』なども幅広く読んでいます。**人の理解力や認識力は、知識の量に比例する**ともいわれるため、「自分は文系だから」と分野にとらわれず、さまざまな本を読んで知識を吸収してみましょう。これまで欠けていた自然科学系の本を読むことで、文系のみなさんの認識力は飛躍的に高まるはずです。

#061

定着

ひとつのテーマにつき5冊の本を読む

☑ 繰り返し読むことで知性が身につく

読書によって知性を身につけようとするとき、ポイントとなるのは「繰り返し読む」ということです。同じ本を何度も読むのもいいですが、それでは少し飽きてしまうというときは、同じテーマの本を5冊読んでみましょう。

ひとつのテーマの本を5冊も読むと、読み終わる頃には、その分野の知識をかなり深めることができます。途中から「同じことの繰り返しではないか」と感じるかもしれませんが、それは、それだけ知識が定着したということです。

118ページでお話ししたとおり、学習においては、まず「その分野の全体像をつかむ」ということが非常に重要になります。文章を一行一行理解しようとすることは、一見、学習方法として丁寧でよさそうに感じますが、なかなか先に進めないため、初学者にとっては挫折しやすい方法でもあります。はじめての分野を学ぶときは、楽しく学習できるほうが継続しやすいので、いろいろな種類の本にあたるのがいいでしょう。

一冊あたりの本の内容は、細かく覚える必要はありません。「本の内容を８割方忘れてしまった」ということでもかまいません。教養や学びというのは、暗記がすべてではないので、仮に本の内容を忘れてしまっても、知性は読書によって確実に磨かれています。

たとえば、**特定の分野の本を繰り返し読むことで、その分野の「考え方」を学ぶことができます。**「この分野ではこういう理論にもとづいて物事を紐解《ひもと》くのか」といったことがわかると、その学びをヒントに、「こういうときは、こんな考え方をしてみよう」といった新しい視点を養うことができます。**読書を繰り返し重ねることで、知性の勘を鍛えることができるのです。**

#062

理解度

読み終えたら誰かに聞いてもらう

☑ 読んだ内容を理解できているかを確認する

読んだ内容を自分の知識として取り込むには、読み終えたら誰かに話して聞かせるのが効果的です。正しく説明するには、情報が頭の中でバラバラではできません。**読み込んだ情報を関連づけ、体系的に再構築することで相手に伝えることができます。**

その場合、本の目次の順どおりに説明する必要はありません。むしろ、別々の章に書かれていることを関連づけ、同類のエピソードとして話すことができるようであれば、あなたは読んだ内容を自分の知識として獲得したことになります。

人に話してみると、意外に頭に入っていないことに気づくものです。伝えるべきことが1から3まであったとき、2の理解があいまいであれば、1と3はつながらず、全体がぼんやりした話になってしまいます。また、データやエビデンス（根拠）も大事です。「その人はものすごくお金を儲けた」ですますのではなく、「年商2億のビジネスに成長させた」と数字を加えるだけで説得力は増します。

子どもの貧困問題を語るとき、「経済的に恵まれない子がたくさんいる」で終わらせるのではなく、「2020年の調査では大学進学率は50％超だけど、児童養護施設出身者に限ると18％なんです」と具体的に話すことで、相手は問題の深刻さをよりリアルに知ることができます。

他人に説明してみると、そうした数字も忘れてしまっていることに気づくのです。読書だけでなく、たとえば経済紙を読んで同僚に話してみるようなシーンでも同じです。「日銀の長期金利の誘導策」に関する記事を読み、知人と話してみたらかみ合わない。よくよく考えてみたら、記事の内容を忘れていただけでなく、そもそも金利には「名目金利」と「実質金利」があるという基本知識が、自分には欠けていたことに気づきます。

読んだものを人に話す、あるいは話すつもりになってシミュレーションしてみると、**その知識が本当の意味で自分のものになっているか**が確認できるのです。

言い換えれば、**読むときに「人に話す」ことを意識しながら読むと、記憶の定着が格段に増していい効果を生むでしょう。**

これは映画の観賞でも同じです。自分が観た作品の感想をブログで紹介している人は、アウトプットを前提に観ていますので、映画館から自宅に戻ってパソコンに向かったときでも、全体の構成や印象的な場面をかなり正確に記憶しています。

そもそも観る心構えが真剣になるので、漫然と観ているときより深く理解することができるわけです。もちろん、これは読書においても同じです。

読んでいる内容を誰かに話そうと想像しながら読んでみる。すなわちアウトプットを前提に読むことで、そうでない読み方より理解度は深まるということなのです。

第4章

生涯、頭をよくし続けるための思考習慣

#063

超楽観的

「自己評価」を確立してポジティブ思考になる

☑ **自分が自分の「ものさし」になる**

「自分がどのように思われているか」というのは、多くの人が気にすることでしょう。ですが、人の目を気にしてばかりいると、頭のバランスが崩れてしまい、「自分は能力が低いのではないか……」と悲観的になりやすくなります。

思考力を働かせるためには、頭のコンディショニングがとても重要です。プレッシャーを感じたり、ストレスがかかりすぎると、頭はうまく回りません。頭を健全な状態にするために、常に心の状態を整えておくことが必要です。

前向きにものを考えるコツは、自己評価を確立することです。自分が自分のものさしになることで、ほかの人からあれこれ言われても、ブレにくくなります。腸内環境と同じで、自己環境を安定させることが大切です。

「頭がいい人」には、ポジティブな考え方をする人が非常に多いです。これは、持ち前の性格が明るいといった話ではありません。性格が悲観的な人でも、仕事ではきちんと段取りを組んで「これでいける」と思い挑むものです。そのため、**性格が楽観的か悲観的かではなく、考え方が前向きかどうかということが大切になります。**

性格的に悲観的な人も、行動を起こすときは「いけるだろう」と考えるクセをつけておきましょう。ポイントは、**悲観的に計画を立てて楽観的に遂行する**ことです。そして、悲観的に計画を立てる前に、「やるときは、超楽観的にやる！」と決意することです。

自己評価は、少し高めなくらいがちょうどいいでしょう。自己評価が高めで、現実に叩きのめされるのも、経験としてあってもいいのではないでしょうか。難易度の高いテストを受けて、しっかり落ちてみる。自信をなくしてチャレンジしなくなるよりも、自信をもって臨んで落ちるほうが、世の中を〝知る〟ことにつながるのです。

#064

意思

知・情・意の「意」からスタートする

☑ **何かを始める前に、スタートラインを引く**

物事を始めるとき、最初のスタートラインとなるのは、「意思を定める」ことです。たとえば、何か資格試験の勉強を始めるとき、「○日までにこの単元を終わらせるぞ」といった意思が定まると勉強する気が高まります。そして、気持ちをそこに向けて学習をスタートすることができます。

心には、知・情・意という3つの働きがあります。その中の意である、「意思」はとても重要です。学生時代に、運動部に入っていてずっと運動ばかりしていた人が、受験を前にしたとたん、急に勉強ができるようになることがあります。**「これから受**

験だ！」と意思をもつことでスイッチが入り、飛躍的に成長することができるのです。

結果を出すためには、そのスタートラインとなる「意思を定める」ことがすごく大切になります。

ちょうど身体の重心にあたるおへその下あたり（臍下丹田《せいかたんでん》）を意識して、達成したい物事に対する意思を定めてみてください。身体を安定させて、そして呼吸を整えてみましょう。すると、意思がすっきりと頭に届くようになります。おへその下から胸を通って、頭に働いていくという順番を意識してみてください。

さらに言うと、血液が身体を循環するように、足からお腹へ、お腹から胸へ、胸から頭へ行く感覚をもつと、身体をひとつのまとまりとして実感できます。**頭というのは、独立している器官ではなく、意思と身体がつながって、その結果として働いているもの**だということがわかるといいでしょう。

「頭を働かせる」という意識をもつことがより重要です。持ち前の能力をうまく発揮するために、まずは意思を定めて「頭を働かせる」準備に臨んでください。

#065

柔軟性

「中庸」を意識して考えを柔軟にする

偉人も推奨する「中庸の徳」

物事を考えていくときに、AがいいかBがいいかという選択を迫られることがあります。どっちを選ぶべきか悩むときは、「中庸」という概念を意識してみましょう。

中庸とは、どちらかに偏った考え方ではなく、妥当な選択をすることです。これは、心のバランスを保つうえで効果的な考え方です。そして、中庸を重んじていると、頭が働きやすくなります。

なぜなら、**極端な考え方をとったときに、人の思考は狭くなるからです。**極端に「○でなければならない」と考えてしまうと、ほかの意見を柔軟に取り入れにくい頭になってしまい、新しいアイデアが生まれなくなってしまうのです。

フランスの有名な哲学者・デカルトは、「迷ったときには、比較的良識がある人がとっている考え方をとるのがいい。極端な考え方をとると、そこから移動するのは大変だが、真ん中からだと、修正するのも簡単だ」と言っています。

また、『ニコマコス倫理学』で知られるアリストテレスは中庸を重んじ、孔子も、「中庸の徳、それ至れるかな」と言っています。中庸の徳……すなわち、バランスのとれた考え方というのが至上のものだということです。このように、「中庸」というのは、有名な偉人たちも推奨してきた思考法なのです。

それでは、その中庸の加減はどれくらいがいいのでしょうか。これは、絶対にぴったり真ん中を選ばなければいけないということではありません。**中庸の加減は、人それぞれ「ちょうどいい」加減が変わってくるものです。**たとえば、料理をするときの塩加減の好みは、人それぞれ異なります。「塩をまったく振らない」、あるいは、「振りすぎる」といった極端なものはよくありません。その間に必ず絶妙な塩加減があるはずです。「自分にとっての中庸」を見つけることを意識して、判断しましょう。

#066

刺激

「30秒雑談」を実践して誰とでもすぐに打ち解ける

☑ **身近な会話から、知的向上を得る**

友人、知人と雑談をすることで、良好な人間関係をつくりながら頭をよくすることができます。

30秒程度の短い時間でも、「そういえば、最近おもしろいドラマあった?」「今この音楽にハマってて、ずっとリピートしてるんだ」と軽い会話をしてみてください。すると、たった30秒の雑談でも、そこから新しい刺激を得ることができます。

30秒の雑談の中でおすすめされたドラマに興味をもち、その後20時間かけてそのドラマを見て、とても濃厚な体験ができたということもあるでしょう。**「30秒雑談」を**

することで、人と打ち解けて仲良くなれるだけでなく、新しい刺激や発見をもらうことができ、知的な空間を生み出すことができます。

ここで気をつけたいのは、**できるだけ新しい刺激を得られる話題を選ぶ**ということです。たとえば、天気の話などは、１００年話し続けても、あまり知的な向上は得られないでしょう。なぜなら、天気の話というのは、みんながすでに「知っている」話なので、新しい刺激が得られにくいのです。

新しい刺激を得るためには、できるだけ自分が知らない話を聞くのがいいでしょう。**最近読んだ本の話や、最新作の映画の話などがおすすめです。**こういった話を30秒くらいでできる友達を何人もつくっておくと、日常がとても豊かになります。会話をする場面は、直接会ってでも、ＬＩＮＥやメールでもかまいません。

昔の教え子から半年に1回くらい「先生、〇〇という本がすごくおもしろいので、読んでみてください」と連絡がきます。そして、それを読んで報告すると、「今度はこの本を読んでください」と新しい本をおすすめされます。言われるがままに、すすめられた本を読んでみると、そこから新しい発見を得られることがあるのです。

#067

探究心

「すごい！」という驚きを大事にする

☑ 知的探究心の始まりには「驚き」がある

身近なものでも「すごい」という言葉をつけて、驚いてみましょう。

たとえば、ジャガイモひとつとっても、「おいしくて、すごい」と感じる。そこから、ジャガイモの産地を調べてみると、北海道のような寒い地域で育てられていることがわかります。ジャガイモの歴史を軽く調べてみる。すると、大航海時代のヨーロッパでは、ジャガイモは食べ物ではなく、花として宮殿で栽培されていたことを知って、また驚きます。

このように、**学びというのは、まずは「すごい」と驚くことから始まります。**

私たちは、学校教育を受けて、これまで「何にも驚かない練習」をしてきました。かつてアインシュタインが発見し、世界をあっと言わせた「$E=mc^2$」という相対性理論の公式を聞いても、「そう言うなら、そうなんだろう」と受け入れてしまいがちです。ですが、そんな反応をしていたらダメなのです。

「驚ける力」というのが、頭のよさ、そのものになります。一見、知識が豊富で、すべて理解しているような人が、頭がいい人と思うかもしれませんが、「これはこうなんだ」と固定観念に縛られてしまう人は、「驚ける力」が欠けているといえます。

本当に頭がいい人というのは、自分の専門分野であっても、常にそこから驚きを得るものです。世界ではじめてバック転できるロボットを発明した古田貴之さんも、「ロボットはこんなにすごい！」と興奮しながら話します。

将棋の名人・羽生善治さんも、「将棋の宇宙には果てがなくてすごい」とおっしゃっています。そのような**一流の人の「すごい」という言葉に反応してみると、質の高い「驚き」を得ることができるでしょう。**

#068

きっかけ

食わず嫌いをなくし出合いを増やす

☑「知」との出合い方

新しい発見を得るためには、自分が今まで触れたことのない分野に触れてみるのがいちばんです。好きな芸能人が出演しているラジオやテレビなどは、知らない分野に触れやすいと思うのでおすすめです。また、知り合いとの会話の中から、「知」との出合いを探してみるのもいいでしょう。**自分の知らない分野との出合いは、ある人物の話がきっかけとなることが多いものです。**

おすすめの番組は、NHKで放送されている『100分de名著』です。『100分de名著』はタイトルのとおり、古今東西の「名著」を100分（25分ずつ4回）

で読み解くというものです。さまざまな分野に広く触れるので、食わず嫌いをなくし新しい情報を手に入れることができます。

耳を傾けてみると、「今までは興味がなかったけど、話を聞いてみると人類学っておもしろそうだな」「宗教について自分には関係ないと思っていたけど、こんなつながりがあるのか」というような発見を得ることができます。さらに、その分野の本を読むと、自分の知識を広げていくことができます。

また、ただテレビを見たり、本を読んだりするだけでなく、**日常生活で分野そのものに触れる回数を増やす意識で、「実践」まで足を踏み入れることが大切です。**

たとえば、ガーデニングに興味をもったら、実際に植物を育ててみましょう。すると、育てることの難しさを実感することができます。**自分が実際に経験することで、自分の知識をさらに深いものにできる**ため、何事も「読書しただけの知識」で終わらせないようになります。年齢を問わず、実践から得られる感動はとても新鮮で、価値のあるものです。興味をもったら、とりあえずやってみるという意識をもつといいでしょう。

#069

評価方法

数学的思考①「座標軸思考法」で整理する

☑ 誰にでもできる数学的な考え方

「数学的思考」というのは、頭のよさにおけるひとつの柱でもあります。これは計算がどれだけ正確に、素早くできるかといった話ではありません。**数学的思考は、考え方を「数学的に」するということ**なので、文系の人でも簡単に身につけることができます。ぜひ、チャレンジしてみましょう。

数学的思考のひとつに、「座標軸思考法」というものがあります。座標軸というのは、X軸とY軸の2つの軸から座標を決める数直線のことです。

物事を考えるときに、座標軸のように2つの軸をつくり、4つの表現に分けて考え

ることを「座標軸思考法」といいます。

たとえば、仕事上の能力を評価する際に、「仕事ができる（できない）」という軸と、「人柄がいい（悪い）」という軸に分けるとします。そうすると、「①仕事ができて、人柄もいい」「②仕事はできるけど、人柄が悪い」「③仕事はできないが、人柄がいい」「④仕事ができなくて、人柄も悪い」という４つの象限に分けることができます。

社内で仕事を割り振るときに、社員をこの座標軸で分けてみると、「②仕事はできるけど、人柄が悪い人」と、「③仕事はできないが、人柄がいい人」に分かれたとします。座標軸思考法を取り入れずに考えると、誰に任せるべきかはっきり決められず、「とりあえず仕事ができるあの人に振っておこう」といった考え方をしてしまうかもしれません。ですが、しっかり座標軸で分析ができていると、「急ぎの仕事だから、一匹狼でも仕事ができる彼に任せよう」「この仕事はチームワークが大事になるから、人柄重視であの人に頼もう」という考え方ができるようになります。

数学的に物事を整理する思考法を活用していきましょう。

#070

順序立て

数学的思考②物事を「因数分解」で括る

☑ 項をまとめて、筋立ったストーリーを立てる

座標軸以外にも、思考法として応用できる数学の発明がいくつかあります。たとえば、中学で習う「因数分解」を活用した思考法をすると、すっきりと物事を考えることができて、とても魅力的な発想が生まれるでしょう。

因数分解は、共通する因数を一括《くく》りにして囲い、長い数式を単純な構造に変えるというものです。同じように、**何か物事を行うときに、因数分解のように共通する事項を一括りにして考えてみる**と、自分の思考が整理しやすくなります。

お笑いタレントで映画監督のビートたけし（北野 武）さんは、映画を製作すると

きに物語の流れをカッコで括り、犯人をどこで出すか考えたといいます。このように、**数学的な考え方は「映画の製作」といった、計算とはまったく関係ない分野でも役立てることができるのです。**

これまでの話から、数学的思考法がいかに便利かということが伝わったかと思います。ポイントは、計算の正確さや速さではなく「順序立てて考える」「物事をきれいに整理する」という「数学的考え方」を活用するということです。座標軸や因数分解のほかにも、ベン図や樹形図を使ったまとめ方や、確率を計算するときのように、項目をすべて書き出すという方法も、数学的思考法として活用できるでしょう。

#071

客観視

型破りな発想をするためにまず「型」をつくる

☑ 自身の座標軸としての「型」

現代は、個性的な考え方がよいといわれる傾向があります。「型にはまったアイデア」など、「型」という言葉は往々にしてネガティブな印象を受けるものとして扱われがちです。

しかし、そもそも型とは、「個々のものの形を生ずるもととなるもの」のことをいいます。型は、**伝統や習慣の中での形式や方式、技法、規範、手本、本質といった意味**をもっており、「型にはまる」という言葉から想像されるような、ワンパターンで凡庸的であるという意味とは異なるものです。たとえば、「型破り」という言葉がありますが、型破りな発想をもつためには、まず「型」が必要なのです。**何事も、まずは基本となる型をつくることから始める意識をもちましょう。**個性的な考え方や独創的なアイデアは、基本の型を身につけているからこそ、生まれるものなのです。

型をつくることで、自分の中に基準となる「座標軸」がつくられます。これがきちんと備わっていると、基準からの自分の思考の微細なズレを客観的に感知することができ、「個性的」と「身勝手」をはき違えたような、とっぴな行為で周囲を困らせてしまうといったことはなくなります。

また、**制約があることによってかえって自由の意識が高まり、思わぬ想像力を発揮する**という効果もあります。型を身につけるために、何度も繰り返し練習をすることで、失敗の過程で行う創意工夫により個性が形成されるのです。

スポーツなどにおいても、一流選手は型どおりのルーティンをとても大事にします。これは、型がしっかりできているからこそ、その反復練習によって自身の技が磨かれるためです。私たちも、日常生活の中で型を基準とした生活を心がけましょう。

#072

熱中

「フロー体験」で新しい自分に生まれ変わる

☑ **流れを意識してゾーンに入る**

「フロー体験」というのは、米国の心理学者・チクセントミハイが提唱した概念です。人が物事に熱中し集中しているとき、時間を忘れて没頭してしまう感覚のことを、フロー体験といいます。スポーツにおいてアスリートが「ゾーンに入る」と言いますが、それと同じです。

意図的にフロー体験を起こしたいと考える人は多いのではないでしょうか。フロー体験を起こしやすくするために、ひとつコツがあるので紹介します。

それは、**水が流れるような「流れ」を意識する**ことです。たとえば、日本画家が筆を走らせるとき、流れるように手が動いています。シェフが料理をつくるときも、手際よく流れるように作業をしています。一連の動作を水の流れを意識しながら行うことで、身体がスムーズに動き、意識を集中させやすくなるのです。

また、このように**流れている感覚で作業ができると、身体は疲れを覚えにくくなります**。身体が疲れを感じにくくなることで、頭もうまく働くようになります。身体が疲れてしまうと、意識が「身体」にいってしまうため、作業に集中しにくくなってしまいます。そのためにも、物事を行う際は「流れ」を意識した動きをするといいでしょう。

日々の動作の中で、**なるべく長い時間「流れ」を意識した動きができる**ように心がけてください。繰り返し続けていくうちに、だんだんとフロー体験が当たり前になっていきます。

そのうち、長時間の仕事であっても疲れを感じにくくなり、雑念が入らない状態ですっきりと業務をこなせるようになります。そして、何よりもフロー体験ができると、楽しく仕事を行うことができます。

#073

遮断

楽曲リピートで「知の空間」をつくる

☑ 集中するときは「勝負曲」で挑む

フロー体験の「流れ」をうまくつかむためには、**リズムに乗っているような感覚を意識するとよいでしょう。**

そのためには、音楽というものが非常に手助けになります。集中しなければいけない作業をするときは、音楽を聴きながら作業をすることをおすすめします。また、資格試験の勉強をするときやテレワークの就業場所として、図書館やカフェで作業をする人もいるでしょう。そんなときイヤホンで音楽を聴くことは、周囲と自分を遮断して活動に没入しやすくなるためや、自分だけの空間づくりをするという点でも、おすすめです。

特におすすめなのが、ひとつの曲をリピートし続けるという方法です。いろんな曲を聴くと、曲のほうに意識が向いてしまうため、かえって気が散る原因になってしまいかねません。そのため、作業をする前に「この曲」と決めて、その曲だけをリピートするといいでしょう。1周3分の曲を10回聞くと、30分になります。その30分で集中して作業を行うと、時間が「あっという間」に感じるでしょう。音楽を聴くことで、簡単にフロー体験に入ることができるのです。

苦手な作業をするときにも、この「楽曲リピート」がおすすめです。私は、校正という作業があまり好きではないので、校正を行うときはいつもスティーヴ・スティーヴンスの『フラメンコ・ア・ゴーゴー』をリピートしています。ご機嫌な音楽のおかげで、あまり好きではない作業をするときも、前向きな気持ちで向き合うことができます。

好きではない仕事に向き合うときに、気分を上げて「スイッチ・オン」するという意味でも、音楽を聴くことはとても効果的です。

#074

心の整理

軽くジャンプして気分をリフレッシュする

☑ **手軽にできる運動法**

頭をよく働かせるためには、頭のコンディショニングがとても重要です。頭をうまく働かせるためには、プレッシャーやストレスに押しつぶされない、すっきりとした心の状態を整えておく必要があります。

ストレスから解放されるためには、軽い運動をしておくのもよいでしょう。特におすすめなのが、「軽くジャンプする」ことです。最近は、自宅で楽しめる小さなサイズのトランポリンも売っているので、そういったものを購入して楽しむのもいいでしょう。

わざわざ購入に至らなくても、エア縄跳びのような動作を軽くするだけでもかまいません。気分転換に、子どものようにポンポン跳んでみてください。

軽くジャンプをすることで、鬱《うつ》な気分を振り払うことができます。5、6回程度でかまわないので、たまに跳ねてみると気分がすっきりします。

ジャンプをすると、ハッハッと息を入れ替えるので、脳に入る酸素の量も多くなります。手軽にできる有酸素運動として、おすすめです。

現代人はとてもスピード感のある世界で生きています。そのため、鬱になる人が多いといわれています。近年は鬱病の患者数が増加傾向にあり、コロナ禍によって、さらに増加したともいわれています。

テレワークという働き方が浸透し、引き続き、出社せずに自宅で仕事をしている人たちも多いことでしょう。外出の機会が減ると、気持ちはどうしても内向きになりがちです。自分たちが、鬱になりやすい環境にいるということを認識して、「**鬱な気分を追い払って、心をリフレッシュさせるぞ**」という意識で軽くジャンプしてみましょう。

#075

運動

こまめなストレッチで頭をリラックスする

☑ 血流を身体全体に回すイメージ

マンションのように、跳びはねることができない環境の場合は、**軽くストレッチをすることで、気分をほぐしましょう。**腕を回したり、指の先まで伸ばすことで、身体を温めることができます。

バランスボールやヨガマットのようなエクササイズグッズを使ってもいいですが、軽く伸びをするだけでも、血流が身体全体に回って、頭をリラックスさせることができます。特に、緊張したり頭を使うような場面では、指先が冷たくなってしまいがちです。身体が冷えてしまうことはあまりいい状態ではないので、周りを見ながら、こまめにストレッチをするよう心がけてみてください。**特に、肩甲骨や股関節などの身体の大きな部分を伸ばすと、全身に血流が回って効果的です。**

イチローさんが現役時代、ネクストバッターズサークルに入るときに、よく相撲取りのような体勢で両膝に両手をのせて肩入れをしていましたが、あの動作はかなりいい動きです。肩甲骨と股関節が同時にぐっと動くので、効率よくストレッチができます。仕事に行き詰まったときや考え込んでしまったときは、やってみることをおすすめします。

講演会を行うとき、私は途中でお客さんに立ってもらい、「軽く身体を動かしてみてください」といったお願いをすることがあります。真剣な表情で話を聞いていたお客さんが、一度立ってジャンプをしたり、身体を回したりする。すると、身体を動かす前よりも、そのあとのほうがお客さんの反応がぐっとよくなるのです。みなさん表情がほぐれて、笑顔で話を聞いてくれるようになります。

講演会やデスクワークなど**長い時間頭を使うような場面では、一度身体を動かす時間を取り入れるといいでしょう。**

#076

思い込み

自分に「陶酔」して気分を高める

☑ 使命感をもってチャレンジする

自分がやっていることに対して、「**今最も燃えているのは自分だ**」**と思い込むような、ある種の〝錯覚〟を与えて自分を盛り上げていく**のも、頭にとっていい習慣になります。何かを始める前に「自分がやらなければ、誰がやるんだ！」と活《かつ》を入れて取り組んでみるのもおすすめです。

今でいうと、『鬼滅の刃』の煉獄杏寿郎《れんごくきょうじゅろう》になりきるような感じで、自分の行動に「使命感」をもってみましょう。そういった強い気持ちをもつことで、気分が高揚します。

それは錯覚でかまいません。その仕事が、本当に誰かの命を救うようなものでなくても、それくらいの気持ちで挑んでみることに意味があるのです。

錯覚でもかまわないとお伝えしましたが、実は「**世界で誰もやったことがないこと**」**を成し遂げるのは、案外簡単なことです**。世界初というものは、見渡してみるとすぐそこに転がっているものです。たとえば、すごく絵が下手で、何を描いているのか相手に伝わらないような絵でも、「これが自分の持ち味なんだ」と思い込んでみると、「こんなタッチの絵は世界にただひとつだ」と感じることができます。また、どんなに音痴な人でも、自分が歌った歌は「唯一無二」のものです。そう考えると、どんなものでも「世界初」になるのは簡単なのだということがわかります。

学力は、思考・判断・表現という3本柱で構成されています。そのうちの「表現」の部分に、これまでお伝えした「自分がやらなければ誰がやるんだ」「これは世界初かもしれない」といった思い込みがとても影響してきます。

どんなにくだらないことでもいいので、「これって、もしかして世界初かもしれない」と陶酔してみると、とても気分がよくなるのです。

#077

機会

「エジソン的思考法」で失敗をなくす

☑ 失敗を「失敗と思わない」習慣をつける

「失敗」というのは、誰もが「できれば経験したくない」と思うことでしょう。ミスをすると周りに迷惑をかけてしまったり、自分の評価が下がったり、うまくいかないと頭を悩ませてしまうものです。

もちろん、ミスをしないように事前にしっかり準備をしたり、こまめに確認をするという対策をとることは大切です。ですが、いちばん気をつけなければならないことは、**ミスしたときに、失敗にやられてしまわない**ことです。ミスをするたびに萎《な》えてしまうと、モチベーションが下がってしまい、その後のパフォーマンスにも影響してしまいます。もしも、何かミスをしてしまったり、うまくいかないことがあるときは、「エジソン的思考法」を試してみましょう。

これは、発明王として知られるエジソンが、白熱電球の発光部分となるフィラメントの素材実験をしたときに行っていた思考法で、失敗というものは「存在しない」と捉える考え方です。**ある素材を試してみたけど、うまくいかなかったというとき、「ダメだということがわかった」と捉える**のです。この考え方をしてみると、失敗というものはなくなります。

このエジソンの「失敗を失敗と思わない」考え方は、聞いたことがある人もいるでしょう。しかし、実際にそれを日常で実践できている人は少ないのではないでしょうか。自分がこの考え方を日常生活で活かせているか、いま一度考えてみてください。

私も、書籍の執筆活動をしているときに、「失敗」を経験したことがあります。しかし、そのときのことを教訓として、新しい学びを得ることができました。

失敗を恐れて挑戦を避けてしまうと、大切な学びの機会を失ってしまいます。失敗から得られる学びはとても価値があるものなのです。

#078

感情

脳内物質を味方につけて頭の働きをよくする

☑ 人間の働きに関わる脳内物質

脳内物質とは人間の頭の中で分泌される物質で、やる気や感情、記憶力などさまざまな働きに関わっています。たとえば、子どもや飼い犬などとスキンシップをとっているときには、オキシトシンという脳内物質が分泌され、幸福感を与えてくれます。

このように、脳内物質は日常的に分泌され、私たちのやる気や感情、勉強や仕事にも大きく関係してきます。つまり、**脳内物質を味方につけることで、頭の働きをよくし、物事の効率を上げることができるのです。**

とはいっても、私たちの頭の中で分泌されている脳内物質は見えませんし、いちいち測定するわけにもいきません。

そこでおすすめしたいのが、**「脳内物質が出ている気になる」という方法**です。

たとえば、犬をなでているとき、「今はオキシトシンが出ているな」というふうに考えます。そうすると、実際に出ているか否かはわからなくても、自然と幸せな気持ちになってきます。

逆に、**不快なときに分泌される脳内物質を利用するのも手**です。

不愉快な経験から逆にやる気になるというケースもありますが、そんなときは、いわば戦闘態勢にさせてくれるノルアドレナリンという脳内物質が分泌されています。これを利用して、人にバカにされたときなどに「なに〜！」と言って自分を奮い立たせ、やる気につなげるのです。

#079

語彙力

日本語の語彙力を高めて視野を広くする

語彙が増えれば世界が広がる

頭がいいということは、広い視野で物事が見られるということです。広い視野をもつために私がおすすめしているのは、日本語の語彙力を高めることです。自身の**日本語の語彙が増えていくと、それだけ世界の把握のしかたが緻密になっていきます。**

たとえば、文豪の作品を読むと、「なんて言葉が豊富なのだろう」と感じます。同じことを言うのにこのような表現もあるのかと感動します。みなさんも、幸田露伴の『五重塔』を読むと、これが同じ日本人の作品なのかと絶句することでしょう。

実際、私はこの本を読んで、感動のあまり、音読できるようにすべての漢字にふりがなを振って本を出版してしまったほどです。もちろん、文学作品である必要はありません。あくまで、**日本語の語彙の豊富さに驚く経験が大事**なのです。

また、漢字やひらがなだけでなく、カタカナ語（外来語）でも世界は広がります。カタカナ語辞典や外来語辞典をめくってみてください。眺めているうちに、「ベンチマークってそういう意味なんだ」「リスクヘッジってそういうことか」というふうに、いろいろな言葉の意味がわかってきます。

言葉の意味がわかってくると、今度は自分でも使いたくなってくるはずです。そのようなときはすぐに使ってみてください。使っているうちに、それが自分の中に浸透し、新しい認識がつくられていきます。すると、世界の見え方も変わります。つまり、言葉がひとつ増えるたびに、視野もどんどん広がっていくのです。

パワハラやセクハラといった社会問題も、「ハラスメント」という言葉が世間に浸透したことによって現在のように問題視されるようになりました。語彙を増やすと、物事について考えるための広い視野がもてるようになるのです。

#080

挑戦

教養を身につけて自分の立ち位置を客観視する

☑ **教養で自分の立ち位置がわかる**

教養を身につけると、**今の自分には何がわかっているのか、逆に何がわかっていないのか**、また**自分はどのような世界に暮らしていて、どのような考え方をもっているのか**がわかります。

たとえば、宇宙はひとつしかないというのがこれまでの常識でしたが、最新の研究によると実はたくさんあるそうなのです。しかも、村山斉《ひとし》先生の本ではそれが常識で、先生によれば、「宇宙の数」はどんどん変わっていて、もはや理解の及ばない領域です。

しかし、想像はできなくても、「この宇宙以外に宇宙があるということはたしかなのだ」

というように知識を身につけていくと、今自分はどこにいるのだろうということがわかってきます。

ジャレド・ダイアモンドの『銃・病原菌・鉄』（草思社）もそうです。広い視野で書かれているので、「ああ、こういう広い視野で見ると自分はこんなところにいるんだ」と感じるでしょう。そういうスケールの大きな人の本を読むと、考え方にも変化が出てきます。

教養を身につけるための近道は、専門外の分野にチャレンジすることです。たとえば、普段日本の文学ばかり読んでいる人は、世界の文学も読んでみてください。古い作品ばかり読んでいる人は、最近の作品も読んでみてください。文系の人なら、新書などやさしい内容のものでもかまいませんので、普段はあまり読まない理系の本を手に取ってみましょう。

自分が知らなかったことが次々にわかっていくことで、「今世界ではこんなことが起きているんだ」「この世界ではこんなことが常識なんだ」ということに気づかされるでしょう。

#081

言葉遣い

敬語を駆使してやりとりをスムーズにする

☑ **言葉選びでリスクを減らす**

敬語は社会人として最低限のマナーです。**相手を不快な気持ちにさせないためには、敬語が適切であるに越したことはありません。**

私の知人に誰にでも敬語で話す人がいます。敬語が使えるようになると、これはこれで楽だというのです。たしかに、必要なときにだけ使うというふうにしていると、敬語を使うことが嫌になってきます。それほど親しくない関係では、相手によって使い分けるより、いっそ誰に対しても敬語を使ったほうが気持ち的にも楽です。

ちなみに、その人は、自分の会社の新入社員に対しても敬語で話すそうです。言葉遣いが丁寧だとパワハラになってしまうのを防げるというのです。たしかに、パワハラに限らず、**他人とのトラブルの原因の多くが、言葉遣いの問題にあります。**

ある小学校のクラスが荒れてしまって、男子と女子の言い争いが絶えなくなってしまったとき、担任の先生が考えたのが、「相手を呼ぶときはさん付けにする」というルールでした。これを実行したところ、すぐに言い争いが減ったといいます。なぜなら、「〇〇さんのバカ」というふうには言いにくいからです。

丁寧な言葉遣いを心がけると、ほかにもメリットがあります。たとえば、メールで催促したいとき、「何月何日までと書いたと思うんだけど」というようにぶっきらぼうだと、実際には締め切りを守らなかったほうが悪いのですが、相手も素直に謝る気にならず、イラッとしてしまいます。

そのため、ここは「こちらの手違いかもしれませんが」「お手数おかけしますが」というような言葉遣いで丁寧に伝えましょう。相手が丁寧な言葉遣いだと、「申し訳ない。こちらが忘れていただけでした」というふうに、素直に謝る気持ちになるものです。

#082

礼儀

SNSは慎重に使ってストレスを溜め込まない

☑ トラブルを避ける魔法の言葉

X（旧ツイッター）やインスタグラム、フェイスブックなど、今やSNSは日常に不可欠なツールとなっています。しかし、便利である半面、ストレスになる場合もあります。**SNSの使い方には慎重になることをおすすめします。**

たとえば、普段トラブルになりがちな人とは、少しやりとりを控えてみてください。また、万が一トラブルが勃発しそうになったときでも、すぐに返信し、しばらく距離をとりましょう。その際、心を尽くす必要はありませんが、礼儀だけは尽くしましょう。

また、最終手段として、「ご自愛ください」というキーフレーズもあります。これを最後につけることで、以降のやりとりが自然と減ります。ある意味、話題終了のワードで、丁寧ですが距離があります。

言い換えれば、言葉によっては使われた相手が、その人と関わることを控えようと感じてしまう場合があるのです。そのため、あくまでトラブルを避けたいときに限って使うとよいでしょう。

これまで述べたことは、ＳＮＳをポジティブに利用できる人には必要ありません。むしろ、そういう人はどんどん活用すべきです。

しかし、ＳＮＳでストレスを感じやすい人や、誰かとトラブルになると一日中嫌な気分になってしまうという人は、ぜひ実践するとよいでしょう。「回避スキル」を駆使することが、ＳＮＳを上手に使うための秘訣《ひけつ》です。

また、**SNSの利用にあたってルールをもうけることも大切でしょう**。相手にＬＩＮＥやメールアドレスを聞かれても教えないようにしたり、関わる人の数を絞ったりすることで、ＳＮＳ疲れを防ぐことができるのです。

#083

気づき

新聞を読んで思考のトレーニングをする

☑ **新聞を読んで知識や気づきを得る**

新聞に触れることは大事です。私は電子版をとっていますが、学生時代は紙の新聞を切り抜いていました。

今ではＹａｈｏｏ！ニュースなどの**ウェブニュースを読んでいる人が多いかもしれませんが、たまには紙の新聞を読んでみてください**。改めて紙の新聞に触れると、こんなに充実しているんだと驚くはずです。

私は大学の授業で、入学したての大学生に、新聞の切り抜きを2週間やってもらっています。毎日切り抜いたものをノートの左側に貼り、右側にはそれについてのコメントを書いたり、ニュースを整理した図を描いたりします。2週間後には、ほかの学生の前で発表してもらいます。そうすると、みんな非常に生き生きと発表するんですね。まるで**そのニュースが自分のものになったような勢いで解説します。**

学生たちに感想を聞くと、「これまで気にも留めなかったことが耳に入るようになって、物事のつながりがわかるようになりました」という答えが返ってきます。100人やると100人がポジティブになるのです。「2週間新聞を読むだけで、こんなに詳しくなるのか」と驚くことでしょう。

このように**新聞を読むと、世間の出来事についての知識も深まりますし、思考の基礎トレーニングにもなります。**

もちろん、新聞の内容は偏っているとか、本当のことが書いていないという批判もありますが、「もし新聞がなくなったら」と仮定してみてください。多くのニュースが政府発になってしまいます。それは恐ろしいことですよね。新聞社はSNSやインターネットの時代で苦しい経営になることが想定されますが、どこかで私たちはマスコミの「取材力」というものを応援していく必要があるのです。

#084

継続

読書は夜にして偉人の考えに触れる

☑ 少しずつでもよいから毎日読む

頭がよい人は、夜の時間も大事にしています。特に私がおすすめしているのは、**夜の静かな時間に読書をする習慣をつけること**です。午前0時頃まで起きている人も多いと思いますが、どこかでSNSをやめて、携帯の電源を切る、もしくは充電させるなどして、読書の時間をつくるとよいでしょう。30分でもかまいません。お風呂で湯船につかっている間や、寝る前横になっているときでもよいので、その瞬間「今からあの偉人の話を聞くんだ」という意気込みで読んでください。

たとえば、数ページ読んで「おぉ！」と感じたら終わる。何も最初から最後まで律義に読む必要はありません。むしろ**ページを飛び飛びでもよいので、毎日読むことが大事です。**

なぜ夜のほうがよいかというと、昼は学校や仕事で忙しく、夜は時間に余裕があることが多いからです。また、夜は人が「個」となり、あるひとつのものに集中できる時間であることも理由のひとつです。

たとえば、私はこれをゲーテやニーチェでやっています。ゲーテは、人類史上最も頭がよい人の一人です。私は学生時代、エッカーマンの『ゲーテとの対話』という本を読んだとき、ゲーテの話が直接聞けるなら100万円払ってでも聞きたいと思いました。みなさんも、自分の好きな偉人や作家で実践してみてください。

著者に直接話を聞こうと思うと、すごくお金がかかるかもしれません。それにひきかえ本なら文庫本で千円前後です。それだけで、ニーチェの名言を浴びるほど聞けるというのだから最高です。

今日はこの偉人に触れた、あの偉人に声をかけられた、この偉人の名言を浴びた、そういうふうに考えるだけで、毎日少しずつ成長していく感じがするでしょう。

#085

自慢

できていることを評価して精神状態を良好に保つ

☑ できることを評価しない人が多い

精神状態を良好に保つには、**自分ができること、できていることを評価することが大切**です。できていないことを意識しすぎると、自分が何もできていないような感覚になってしまいます。

いつもは自信がなさそうなのに、話を聞くと、「昔ピアノを習っていました」「ショパンくらいなら弾けます」という人がいます。もし私がショパンを弾けたら、会う人会う人に自慢することでしょう。そのくらい弾けない人にとっては羨《うらや》ましいことなのです。このように、実は優れた特技や実績をもっていても、自分では評価できない人が多いのです。

近年、ますます自慢話がしづらい世の中になってきています。ＳＮＳで情報を発信する際も、「自慢話をすると叩かれる」「謙虚でいなければいけない」という雰囲気があります。

過度な謙虚さは人々からさらに自信を奪ってしまうので、私はむしろどんどん自慢すべきだと考えています。板書が非常にきれいな学生がいたので、理由を聞いてみたら、「習字をやっていた」、それだけでなく「読みやすい板書を研究した」と言うのです。彼は「板書の鈴木くん」と言われて人気が出ました。

特別なことでなくてもかまいません。自分の中である程度できていることを他人に話してみる。それによって周りの評価も得られ、自信を高めることができるのです。他人に話さなくても、自分の中でできていることを評価するというのは重要です。いわば自画自讃力です。

頭がいい人は、自分の武器がわかっています。**自分の武器を３つ把握できていれば、どのように戦うべきかというスタイルが決まっていくでしょう。**

#086

活性化

「速音読」で頭の回転を速くする

☑ **テンポのいい文章を音読して脳を活性化**

東北大学の川島隆太教授の研究で、音読が頭の回転をよくするということが明らかになり、「脳トレ」ブームも起こりました。実は、頭の中で考えているだけでは、脳の前頭葉に血流が流れないため、脳全体に血流を回すことができません。

特に、脳の前頭葉にある前頭前野を活性化させることで、感情をコントロールする機能が高まり、気分を安定させ、身体の機能を向上させることができます。前頭前野は勉強することで鍛えることができますが、「音読」をすることでさらに発達させることができるのです。

脳全体に血流を回し、脳を活性化させるためには、「しゃべる」という運動が必要になります。そのため、「音読」をすることは、脳にすごくいいのです。

また、音読というのは、一見単純そうにも思えますが、文章を読むというインプットと声を出すというアウトプットを同時に行う、とても高度な認知機能です。そして、自分の話した音声を耳が認識するという一連のサイクルは、実はとてもレベルの高い動作だといえるのです。

この「音読」をより効果的にするために、速く文章を読む「速音読」がおすすめです。1分間程度で短い文章をテキパキ音読すると、すごく頭がすっきりします。

音読する文章はどんなものでもかまいませんが、太宰治の『走れメロス』のような、テンポがいい文体のものを選ぶといいでしょう。

『走れメロス』は、主人公のメロスが街を駆け抜けていくので、物語を通してとても勢いがあります。そのため、音読するときも勢いに乗って読むことができます。また、夏目漱石の『坊っちゃん』も、テキパキした江戸っ子の文体で、速く読むのに適しています。私は全文「音読破」しましたが、1段落目だけでもいいので、ぜひ音読してみてください。

「速音読」は、スポーツを始める前の準備運動と同じ役割をもっています。スポーツをするときは、ケガをしないように柔軟運動をしたり、軽いジョギングをしてからコートやピッチ（競技場）に入ります。同じように、**「速音読」をすることで、ミスしにくい頭の状態をつくることができるのです。**

音読をするとき、脳は、「文字を目で追いながら、口では違う文章を声に出す」という複雑な動きをしています。そのため、実は「速音読」はすごく高度なことで、やってみるとなかなかうまくいきません。

プロのアナウンサーも、原稿を読み上げる前に間違えそうなところを何度も何度も読み上げて、事前に繰り返し練習をして本番に臨んでいます。

第5章

天才たちの真似したい思考習慣

#087

実践

重点期間をもうけて習慣を浸透させる

☑ **あるテーマを一定期間実践する**

福沢諭吉が人生を切り開くきっかけはオランダ語にありました。彼は大阪（当時は大坂）にある「適塾《てきじゅく》」で2年あまりオランダ語を学びましたが、その適塾のやり方は、塾生たちがひとつ屋根の下で寝食をともにし、切磋琢磨《せっさたくま》するというものでした。福沢自身も適塾時代、寝るのと食事をする以外の時間はほとんど読書に費やしていたそうです。

このように、何かひとつのものに集中する時間は大切です。そのためには、**あるテーマを決めて、一定期間実践するのがおすすめです。**

たとえば、私は大学の教職課程を担当していますが、教師はコメント力、特に生徒を「褒める」ことが大事なので、学生には「褒める」をテーマに、「褒めコメ重点週間！」という感じで2週間過ごしてもらいます。

そうすると、みなさんおもしろい反応をしてくれます。なかには、妹を珍しく褒めたので、お返しにお菓子をもらったというものもありました。また、絵が下手だという男子学生が絵を描いたところ、周りの友人たちは「すてき」とか「アイコンにしたい」と言って、褒める達人になっていました。

また、授業では2週間といいましたが、3日間でも大丈夫です。「三日坊主でも、やらないよりはずっとまし」と言います。逆に、3日間でもちゃんと意識して実践することがとても大事なのです。

たとえば、3日間しっかり挨拶すると決めたら、最低でもその間だけは忘れないように気をつけるのです。そのためにも、**テーマはできるだけはっきりしたものにし、普段から目に入るように手帳やスマホなどに記録しておくとよいでしょう。**慣れてきたら、期間を1週間に延ばして、毎週末に振り返る時間をもうけてみましょう。

#088

一面化

ひとつに絞って才能を結実させる

☑ **ひとつのことに才能をつぎ込む**

ゲーテは絵やピアノが得意であったほか、ギリシャ語やラテン語、ヘブライ語やフランス語など語学にも堪能であったことが知られています。しかし、文章を書くときにはドイツ語にこだわっていました。そのおかげで独自の文体を築き上げ、「近代ドイツ語の父」と仰がれるまでになったのです。彼自身「最も偉大な技術とは、自分を限定し、ほかから隔離するものをいうのだ」と語っているように、才能はひとつのことにつぎ込むべきであり、私はこれを「一面化」と呼んでいます。

水滴がやがて石を穿《うが》つように、**才能とはひとつのことにエネルギーをぶつけると、**

やがて突出するものです。何度も司法試験を受けて失敗している友人がいました。その友人から「何かよい方法はないか」と聞かれ、「一面化がいいよ。あらゆる付き合いを絶って一日中そのことだけを考えるんだ」と答えました。その頃は旧司法試験ですから、今よりも難しいわけです。それなのに彼は、そのあと言われたとおりに実践して、見事試験に合格しました。私は彼の一面化への意志力に敬服しました。

一面化は、自分の得意なことがわかっている人におすすめです。私の大学で、なぜか５カ国語も学んでいる学生がいます。その理由を尋ねてみると、「音を聴いて真似をするのは得意なんです。なので、ＳＮＳでその国の友人をつくってとにかく会話してみる。そしたら日常会話くらいならできるようになると思って」と言うのです。

実際にその学生がイタリア語で話しているのを聞いて驚きました。彼は自分が耳で聴き、話すことに特出していることを自覚していて、しかもそれに生活全体を注いでいたのです。

同じようにやってみる際には、選んだ才能が自分に合っていない可能性もあるため、まずは２週間やってみて、変化が感じられたら、その後も続けていきましょう。

#089

内省

むしろ開き直って発想転換する

☑ **徹底的に内省したあとに開き直る**

夏目漱石は松山中学校の教師や熊本の第五高等学校の英語教師を務めたのち、文部省の官費留学生としてロンドンに留学しました。彼が晩年に学習院大学で行った講演に「私の個人主義」というものがあります。これによると、彼はロンドン留学中、ノイローゼにかかってしまったそうです。

彼は若い頃を回想して、「生まれてきた以上、何かしなくてはならないが、何をしたらいいか見当がつかない。どこを向いてもぼんやりしていて、まるで袋の中にいるような気分だった」と語っています。日本ではエリートとされているのにもかかわらず、現地では文学のことを少しも知らない一般人にもバカにされるのです。

彼はただ苦しんでいたわけではありません。**内省に内省を重ねて、ついに「自己本位」という四文字にたどり着くのです。**

それまでは他人の偏見で気を悪くしたり、言葉の壁を感じたりして負の感情に支配されていました。しかし、彼は「私はこの自己本位という言葉を自分の手に握ってから大変強くなりました」と話しています。**自分が自分でいることは少しも悪いことじゃない。他人の顔色をうかがうのはやめて、自分らしくいよう**と考えたのです。

漱石は、「ああ、ここに俺の進むべき道があった！　ようやく掘り当てた！」というふうに、**「ああ」という感嘆詞が出るようでなければダメ**だと言っています。そういう鉱脈を「自分の鶴嘴《つるはし》で掘り当てるところまで進んで行かなくってはいけない」のです。

他人から批判されたりして、気分が落ち込んでしまうこともあるかもしれません。挫折しそうになったとき、現状を徹底的に内省し、「自己本位」で開き直ることができれば、それまでの状態から発想転換することができるでしょう。

#090

ルール化

ご褒美をつくって精神のバランスをとる

☑ **作業の合間にご褒美を用意する**

相対性理論の考案によって知られるアインシュタインは、実は音楽が趣味で、バイオリンをよく弾いていました。一説ではそれほどうまくなかったそうですが、彼にとっては音楽をやっている時間がいちばん幸せだったようで、それによって精神的なバランスをとっていました。

勉強でも仕事でも、**精神のバランスを常によい状態に保っておくことが重要です。**そのためには何でもよいので、**幸福感が得られるものがあるとよいでしょう。**たとえば、漫画を読むのが好きであれば、勉強の合間に漫画を読むといいでしょう。

私は、20分勉強したら10分漫画を読むというのを実践したことがありますが、意外と効果がありました。多少やりたくないことでも、あとでご褒美が待っていると考えればやる気が起きるのです。もちろん、漫画を読んでばかりいては元も子もないので、3話分読んだら勉強に戻るというようにルールを決めましょう。

ご褒美は趣味でなくてもかまいません。たとえば、私の場合、チョコレートを食べると元気になるので、仕事がここまで進んだらチョコレートをひとつ、ここまで進んだらまたひとつというふうにしています。手塚治虫《てづかおさむ》も、チョコレートやケーキを食べながら仕事をしていたといわれています。いい仕事のためには、適度に楽しみを「補給」することも大事だということがわかります。

才能とは物事を続けられる能力だといえます。得意なことがあっても、それをすぐにやめてしまっては結実しません。しかし、息抜きもせずにぶっ通しで続けられる人はそうそういません。作業の合間にご褒美を得て、精神のバランスをとりながら、また作業を続ける。そのご褒美が、アインシュタインの場合は音楽で、私や手塚治虫の場合にはお菓子だったのです。

#091

素直

専門家の話を聞いて世界を広げる

☑ まずはプロの話を聞いてみる

ホンダ（本田技研工業）の創業者・本田宗一郎は、もとは丁稚《でっち》奉公からスタートし、学歴はありませんでしたが、地頭《じあたま》のよさと実地でつちかった経験を活かして成功を収めました。そんな彼の著書『夢を力に』（日本経済新聞出版）では、**わからないことがあれば、本で調べるのではなく、その道の専門家のもとへ行って教えてもらうのだ**と書いていています。

何事においても、素人考えでやるより、プロの考えを聞いてからやることです。そのうえで専門家の言うことを素直に信じ、実践してみることも大事です。「**素直さ**」

はあらゆることに必要ですが、とりわけ専門家を尊重する素直さが大切になります。

専門家でも間違いはあるかもしれません。しかし、「経験や知識が豊富で、人間性に優れた人の話は信用に値するものだ」と考えて、それぞれの分野の専門家の話を聞いてみると、とても刺激になります。

最近ではいろいろな分野の専門家がテレビに出たり、本を書いたりするようになりました。かつては大学の大御所が書くことが多かった新書も、今では数え切れないくらい出版されています。つまり、**現代は気軽に専門家の話が聞ける世の中なのです。**

私も、ネットやテレビに触れる中で、変わった経歴や趣味をもつ人を多く見ますが、「こんなところにもその道のプロがいるのだな」と感じ、尊敬します。この尊敬、つまりリスペクトする気持ちが大事なのです。特に若い人は、声優さんでプロのすごさを体感することが多いようです。「声優ってこんなにうまいんだ！」「プロってやっぱり違うな」というふうに、一度プロのすごさを目の当たりにすると、声優に限らず、さまざまな分野のプロをリスペクトできるようになります。プロをリスペクトする気持ちがもてるようになると、それだけ世界が広がっていきます。

#092

学習方法

互いに教え合うことで新たな知識を得る

☑ 牢屋を塾に変えてしまった吉田松陰

志の強さと知的好奇心の強さで幕末志士たちに大きな影響を与えた吉田松陰ですが、黒船で密航しようとして捕らえられ、国元長州（山口県）の「野山獄《のやまごく》」に投獄されてしまいます。

しかし、あまり束縛がなかったので、書を読むことも自由で、同じく投獄されている人たちとの交流も許されていました。そのため、松陰は彼らに世の中のことや世間の現状を話し、勉強の必要性を説き、そこを塾のようにしてしまうのです。

もちろん、いちばん知識がある松陰が孟子などを講じましたが、それだけではありません。**囚人たちが先生となり、自分の知っていること、得意なことをほかの囚人に教えるという方法をとりました。**これによって、獄中の者たちは知識を得て、さまざまなことに理解を深めていきました。いわゆる勉強会のようなもので、後の「松下村塾」の原型です。

教え合いは、聞いている側だけではなく教える側も勉強になる、極めて効果が高い学習方法です。「先生や先輩など、立場が上のものが教えるべきだ」と決めつけずに、ベテラン社員が新人から教わる機会をもうけると、お互いにいい刺激を受けるでしょう。

仕事については先輩社員のほうが詳しくても、別のことに関しては新入社員のほうが詳しいこともあります。また、教え合うことによって、よりよい関係性を築くこともできます。

#093

手書き

書き写すことで記憶を定着させる

☑ **何でも書き写して覚える**

博物学者でもあり民俗学者でもある南方熊楠《みなかたくまぐす》は、生涯にわたって研究活動に没頭し、イギリスの科学雑誌『ネイチャー』や民間伝承雑誌『ノーツ・アンド・クエリーズ』に数々の論文を発表したことで知られます。そんな熊楠ですが、もともと頭のいい人で、常にインプットとアウトプットを行っていました。得られた知識はすぐに論文にし、知り合いの学者と語り合う、そうすることで理解を深めていました。

とりわけ変わっているのがその勉強方法で、**興味を抱いたものがあれば、何でも書き写すことで知識にしていました**。幼少期には、友人の医者の家から江戸時代の百科事典『和漢三才図会《わかんさんさいずえ》』を借りてきては書写し、ついには全105巻を制覇したといわれています。また、ロンドン滞在中には凄《すさ》まじい勢いで大英博物館の蔵書などを書写しました。その数は500冊以上ともいわれており、その『ロンドン抜書《ぬきがき》』は、52冊のノートがびっしりと字で埋まっています。

現代は本が容易に手に入る時代です。そのため、知識が必要になれば本を買って読めばよいと考えるかもしれません。しかし、**あることについて理解を深めるためには、熊楠のように書き写してみるのがおすすめです**。その際、丸ごと吸収するくらいの意気込みでやるとよいでしょう。

書き写すといっても、何も手書きである必要はありません。パソコンのほうが慣れているのであればそれでもかまいませんが、たとえ一部分であってもコピペは避けましょう。**一から打ち直してみることで、「なるほど」と思うこともありますし、指を使うので記憶に残りやすい**という効果もあります。

逆に、書いたほうが記憶に残るという人は手書きがよいでしょう。手で書くことには心を落ち着けるという作用もあります。自分に合ったやり方を選んでください。

#094

記録

目標管理を徹底してやる気をアップさせる

☑ 生涯学び続けたドラッカー

現代経営学の父とも称されるピーター・ドラッカーのすごさは、勉強欲の強さと計画性の高さにあります。彼は「私には『引退』という言葉はない」と言って、晩年になっても大学での講義や出版活動を続け、それとは別に計画的に勉強を続けていました。その際、彼が用いていたのが「アクションプラン」、つまり行動計画書です。**彼は目標を設定したら、期限を定め、自己管理を徹底していました。**

私は「今日はこれをやる」という目標を立てたら、手帳に書くようにしています。**手帳を見るたびに、自分を振り返ったり、今日をどう生きるべきかと自分に問いいか**

けるきっかけにもなります。手帳は、一日一日を大切に過ごすためのキーアイテムです。

また、手帳は「やったこと」を記録するにもよいでしょう。「今日は30分本を読んだ」というようなことを書くと、次もまた書きたくなってきます。「レコーディングダイエット」の考え方にも似ていますが、記録することでやる気の向上にもつながるのです。付箋に書き、パソコンなどに貼っておくというのもおすすめです。目標管理にもよいですし、自分が今抱えている問題がはっきり目に見える形で示されるので、頭の中でモヤモヤせずにすみ、ストレスも減ります。

その際、**ずっと貼っておくと今度はあまり効果がなくなってしまうので、期限もあわせて書くとよいでしょう。**２週間程度が効果的です。

たとえば、普段メールで誤字脱字が多く、注意されがちな人は、「誤字脱字がないか声に出してチェックしてから送る。何月何日まで」と付箋に書いて貼っておく。このようにすると、だんだんとミスが減っていきます。小さな目標でもよいので具体的な目標を立てるようにしましょう。

#095

質と量

1000本ノックで集中しやすい状態をつくる

☑ **自分自身に決まりごとを課す**

『グリーン・マイル』や『ミザリー』などの作品で知られるホラー作家スティーヴン・キングは、『小説作法』という本の中で、**自分の中でルールをつくって、それを守ることを習慣化するのが大事**だと書いています。彼自身も、どれだけ気分が乗らなくても執筆ペースだけは落とさないように、午前中は書斎に閉じこもって、一日2000語書くまでは切り上げないと決めているそうです。

もちろん、キングは執筆が本業ですから、一般の人が同じレベルで真似をする必要はありません。しかし、**前もって量を決めることで、集中しやすい状態に自分を置く**

ことは非常に有効です。

なかなか作業に集中できない人の多くは、目標もなく、ただ漠然と始めがちです。逆に、いつまで集中すればいいかがわかっていれば、やる気も湧いてくるものです。

量を決める際、質を問わないことが重要です。質が低いことを恐れるあまり、そもそもそもやらなくなってしまうというケースもあるからです。そのため、ひとまず量をこなすということに集中して、机の前に30分間座ってみることから始めましょう。文章でも、量をこなしていくと、だんだんと書く勇気が出てきて、より多くの量が書けるようになります。はじめは４００字詰めの原稿用紙を１枚書くところからでもいいでしょう。

私は漫画の『巨人の星』に影響を受けたこともあり、小学生のときは「１０００本ノック」という言葉があまりにも好きで、何をやるにも１０００本ノックの考え方になっていました。英単語を覚えるのでも一日２００個×5日で１０００個。実際、それだけやってもほとんど忘れてしまいます。しかし、「これは１０００本ノックだ」と思うとやる気が湧いてくるのです。まず量を決めてやることが効果的です。

#096

切り替え

身体の調子を整えて頭もスッキリさせる

☑ **頭の働きにもフィジカルが重要**

今も旺盛に作品を発表し続けている村上春樹さんですが、長編小説の執筆に必要な精神力と体力を養うにあたって彼が習慣にしているのが「走ること」です。毎日10キロも走り、トライアスロンにも挑戦しています。「小説を書くのに身体を鍛える必要があるのか」と思う人もいるかもしれませんが、仕事として長く小説を書いていくためには、身体が健康であることも重要です。また、そもそも**考えるという行為自体が、実は肉体的なものに支えられているものなのです。**

というのも、持久力がある人は粘り強く物事を考えることができ、瞬発力のある人はスピード感をもって物事を処理できます。身体のコンディションをよくすることで、勉強や仕事にもよい影響を与えるのです。

これは、普段運動不足だという人だけでなく、すべての人に実践してもらいたいです。とはいえ、村上さんのようにいきなり10キロも走る必要はありません。その代わりに、少しずつでもよいので、**生活のリズムの中で身体の調子を整える時間を意識してつくってみましょう**。たとえば、スポーツジムに通うというのもひとつの手です。スポーツジムは、以前は裕福な人が通うイメージがありましたが、近頃は通いやすい料金のところも増えました。

また、サウナや温泉もおすすめです。特に最近はサウナに関する本や漫画が増えており、人気が増してきています。入りすぎには注意すべきですが、体の調子を整えるのには最適です。**温泉もそうですが、入っている間は心が空っぽになるので、スイッチのオン・オフを切り替えるのにも便利です**。

私も、仕事に行き詰まったら、サウナや温泉に入っています。そうすると頭がすっきりして、その後の仕事もはかどります。

#097

古典

「マイ古典」をつくって行動の指針にする

☑『論語』を精神の柱にした渋沢栄一

「古典は教養の宝庫である。だから読むべきだ」と言われがちですが、実際にたくさんの量を読んでいくのは大変です。そこで**量をこなすよりも、まずは自分に合った古典を見つけることをおすすめしています。**

渋沢栄一は、混乱が続く明治時代初期、幼い頃から慣れ親しんでいた『論語』を自らの精神の柱として、日本の経済界を変えていく決意を立てます。『論語』は今読んでも間違いがほとんどない、それどころか進んで実践すべき教えもたくさんあると考えたのです。「独占」が嫌いで、公に尽くすべきだと考えた渋沢は、三菱財閥の岩崎弥太郎と海運業をめぐって対立し、生涯財閥をつくりませんでした。このような一貫した考え方も『論語と算盤』に見られるような「『論語』を精神の柱とする」という明確な方針があってこそもてたのです。

このたび2024年からの新1万円札の顔に採用されたのも、彼が歴史的に高い評価を受けている人物でありながら、また公共の利益にも貢献した人間であると認識されているからでしょう。

このように、渋沢は『論語』を自分の支えとしていました。つまり、**彼のように「マイ古典」をつくるということが大事なのです。**たとえば、緊張してしまいがちな人は、『老子』をマイ古典にすると、どっしりと構えられるようになるでしょう。

また、自分が経営者として事業を行うとき、マキャヴェッリの『君主論』は、君主とはどうあるべきかということを、本を通じて学ばせてくれるでしょう。このような自分の柱になるものは、小説や偉人の名言集などでもかまいません。

パッと開いたとき、「まるで自分のことを言っているようだ」と思いながら、「今の自分に応用できそうだ」と感じられるマイ古典に出合いたいものです。

#098

上機嫌

元気に振る舞うことで実際に元気になる

☑ **常に上機嫌で元気でいること**

大隈重信《おおくましげのぶ》は『青年訓話』という本の中で、「元気は人間の生命である」というようなことを述べています。また、『武士道』で知られる新渡戸稲造《にとべいなぞう》も、「cheerfulであることを意識すべきだ」とエッセイに書いています。「cheerful」とは、「陽気である」「上機嫌である」という意味です。日本の男性は不機嫌になりがちだが、そうではなく常に上機嫌で元気に振る舞うことが大事だというのです。

私を教えてくれた先生に、毎日同じような服を着て教壇に立ち、同じような口調で説明をする人がいましたが、その先生には機嫌のブレがまるでありませんでした。

その先生が最後の授業でこう言ったのです。「私も人間ですから感情の浮き沈みはあります。しかし、それをみなさんに見せるのはプロとして失格だと思う。だから、私はいつも同じ調子で、常に精度の高い授業を心がけている」と。その言葉に、私は感動しました。

プロというのは、感情がないのではなく、不機嫌なときや調子の悪いときでも、それを他人には見せないものなのです。

このことはプロだけにいえるわけではありません。**みなさんにも常に元気に振る舞うことをおすすめします。**

たとえば、仕事で人と会わなければならない場合、その人の前では常に機嫌がいいふりをします。そうすると、実際には体調が悪かったとしても、だんだんと自分が元気であるように感じられるものなのです。

英会話で「How are you?」と聞かれて、元気でも元気でなくても、とりあえず「Fine.」と答えるところから進展するように、普段、人と接しているときでも、まずは元気に振る舞うことを意識するのが大切です。

#099

非常識

いったん信じ込むことで常識を打ち破る

☑ **非常識もやがては常識になる**

ドイツの実業家・シュリーマンが発見したトロイ遺跡は、実際に掘り出されるまでは架空の遺跡と考えられていました。しかし、シュリーマンは、周囲の人間にバカにされても望みを捨てず、49歳で発掘を始め、3年後にはついに念願を果たすのです。このように、**信じてチャレンジする姿勢が成功のカギだといえます**。

私はスポーツが好きで、1972年の札幌オリンピックで日本人選手がメダルを独占したときは、興奮して友人と夢中でスキージャンプの真似をしていました。といっても、雪も降らない静岡市で、階段から飛び降りるだけですが……。そのときは足をそろえて飛ぶとよいとされていました。ところが、あるときからV字ジャンプが主流になるのです。

このように**最初は「あれっ」と思うものも、だんだんと常識になっていくものです。**現在の常識も過去には非常識でした。一般的には非常識なことでも信じてやってみることで、やがて常識になるような、あっと驚く成果が得られるのです。

私は授業で学生に、非常識なことをあえてやる意味を教えています。学生には、家から新書を1冊ずつもってきて、2人1組で本を交換し、5分でそれを読んでもらう。5分たったら、自分が読んだ内容を、すでにその本を読んできている相手に説明します。そんなの無理だと思うかもしれませんが、実際にやってみると、意外にもある程度の内容を説明できるのです。

5分で一冊の本を読んで説明するなんて非常識だと思っていたけれど、やってみると無理ではなく、かえって力になった、そういう反応をもらいます。**非常識なことも、やってみることでそのおもしろさに気づけたり、効果が実感できたりするものです。**それまでの常識を打ち破ることで、何か新しい発見が得られるかもしれません。

#100

活力

あえて否定されてみて殻を破るきっかけにする

☑ 否定をエネルギーに変える

大正から昭和にかけて活躍した画家・佐伯祐三《さえきゆうぞう》は、東京美術学校（現在の東京藝術大学美術学部）で西洋画を学び、26歳のときパリに留学しました。このとき彼が自分の絵を見せに行ったのが、「野獣派」として知られるヴラマンクです。

ヴラマンクは、佐伯の絵を見て、「アカデミックすぎる。学校で習った描き方でしかない」と否定しました。「もっと自分をぶつけてみろ」と叱るのです。**ハッとした佐伯は「そうか。それでは自分をぶつけられるモチーフとは何だろう」と、自分を見つめ直すのです。**その結果、佐伯はそれまで自分が閉じこもっていた殻を破り、パリの壁を描くという決断をします。破れたポスターがあったり、看板があったりと、日本ではほとんど見られない風景を描くことに、もっているエネルギー（活力）をすべてつぎ込むのです。

一度手ぶらになった状態で反省してみることは大切です。しかし、そのためには佐伯のように、他人から愛のある否定をされる経験も貴重です。特に、**尊敬し、自分のことを愛してくれている人に「このままではダメだ」とか「今年は勝負だよ」と言われた場合、自分を本気で見つめ直す機会が生まれます。**

現代では、他人の悪いところを面と向かって指摘できる人は少なくなっていますが、あえて「私にはどういうところが足りませんか」と聞いてみれば、相手も答えてくれるはずです。相手が言いよどんでいても、「強いて言えば何が足りないでしょうか」というふうに、丁寧に聞くのです。そうすると、「本当は表情がもうちょっと明るいといいよね」というように答えてくれるでしょう。

おすすめは、自分が信頼している人や誠実な人に聞くことです。ほかの人に言われるとへこむことでも、そのような人からならあまり傷つかないものです。

■著者プロフィール
齋藤 孝（さいとう・たかし）
1960年静岡県生まれ。東京大学法学部卒業後、同大学大学院教育学研究科博士課程等を経て、明治大学文学部教授。専門は教育学、身体論、コミュニケーション論。ベストセラー作家、文化人として多くのメディアに登場。NHK Eテレ『にほんごであそぼ』総合指導を務める。『身体感覚を取り戻す』（NHK出版）で新潮学芸賞、『声に出して読みたい日本語』（草思社）で毎日出版文化賞特別賞受賞。他の著書に『読書力』（岩波書店）、『語彙力こそが教養である』（KADOKAWA）、『雑談力が上がる話し方』（ダイヤモンド社）、『大人の語彙力ノート』（SBクリエイティブ）、『１話１分の脳トレ 齋藤孝の音読de名著』『名著に学ぶ60歳からの正解』（ともに宝島社）など多数。累計発行部数は1000万部を超える。

宝島社新書

本当に頭のいい人がやっている
思考習慣100
（ほんとうにあたまのいいひとがやっているしこうしゅうかん100）

2024年1月24日　第1刷発行

著　者　齋藤 孝
発行人　蓮見清一
発行所　株式会社　宝島社
〒102-8388 東京都千代田区一番町25番地
電話：営業　03(3234)4621
　　　編集　03(3239)0927
https://tkj.jp
印刷・製本　中央精版印刷株式会社

ISBN 978-4-299-05055-7